이제도 있고 전에도 있었고
장차 올 자 예수 그리스도

서사라 목사의 천국지옥 간증수기 10
구약편 3권

구약의 믿음의 선진들을 만나다

천상에서 고레스왕, 에스더, 모르드개,
욥, 다윗, 이사야, 예레미야, 그리고 에스겔을 만나다.

하늘빛출판사

이제도 있고 전에도 있었고
장차 올 자 예수 그리스도

구약편 3권

천상에서 고레스왕, 에스더, 모르드개,
욥, 다윗, 이사야, 예레미야, 그리고 에스겔을 만나다.

서사라 지음

추천사

추천인사

- 추천서 1   **강영철** 목사
- 추천서 2   **이창복** 목사
- 추천서 3   **전유신** 목사

추천서 1

대신 총회신학교 학장
강영철 목사

행 20: 24

나의 달려갈 길과 주 예수께 받은 사명 곧 하나님의 은혜의 복음 증거하는 일을 마치려 함에는 나의 생명을 조금도 귀한 것으로 여기지 아니하노라

서사라 목사는 대한 예수교 장로회 대신 총회 서울동노회 주님의 사랑교회 담임목사이다. 천국 지옥 영적 체험의 간증 수기는 하나님의 다양성이며 무한성으로 하나님의 일하시는 현장이며 그 객관성을 띠기 위하여서는 그 체험이 성경적이어야 하며 또한 신학적으로 옳고 그름의 판단도 필요하지만 궁극적으로는 이 모든 것이 하나님의 영광을 위하여 이루어져야 한다.

이번에 '구약의 믿음의 선진들을 만나다'로 발간되는 서사라 목사의 간증과 성경해석은 우리로 하여금 성경을 더 잘 이해하는데 도움을 준다.
특별히 서사라 목사는 성경 66권을 하나님의 정확무오한 말씀임을 믿고 있으며 또한 서사라 목사는 유일한 삼위일체 하나님을 믿는

다. 서사라 목사가 본 천국과 지옥에 대한 간증은 하나님이 한 개인에게 보여준 것으로 성경의 계시를 이해하는데 도움을 줄 뿐 아니라 성경에 묘사되지 않은 천국 지옥에 대한 서사라 목사의 증거는 개인의 체험으로서 많은 사람을 회개시켜 구원받게 하는데 그 목적이 있다. 서사라 목사는 자기가 본 내용을 절대화하지 않을 뿐 아니라 서사라 목사는 자신이 본 천국과 지옥을 하나님의 말씀을 증거하는데 도움 자료로 사용할 뿐이다.

이러한 맥락에서 본인은 성경의 이해를 더 넓히기 위하여 서사라 목사의 구약편 제 3권, '구약의 믿음의 선진들을 만나다'를 꼭 읽어 보도록 추천하는 바이다.

고전 15:10

그러나 나의 나 된 것은 하나님의 은혜로 된 것이니 내게 주신 그의 은혜가 헛되지 아니하여 내가 모든 사도보다 더 많이 수고하였으나 내가 아니요 오직 나와 함께 하신 하나님의 은혜로라

추천서 2

인천 열린문교회
총회 신학교(대신)
대외 협력처장, 실천신학 교수
이창복 목사

지금 우리가 살고 있는 이 시대는 이구동성으로 불확실한 시대이며 마지막 시대라고 대다수의 사람들이 말하고 있다.

이런 와중에도 소수의 목회자들과 성도들이 성경에 근거하여 이 시대를 정확히 분별하면서 마지막 때를 준비하며 살아가고 있다.

저는 10년 전 서사라 목사님을 만난 이후로 목회관이 분명하게 정해졌다. 마치 모세가 80세에 호렙산 떨기나무에서 출애굽의 소명을 받은 다음에 40년의 삶이 더욱 값진 것처럼 하나님의 전신갑주로 무장하고 예수님 신부로 하루하루 살아가야겠다고 서원했다. 왜냐하면 서사라 목사님이 항상 기도 중에 천국에서 만난 예수님, 모세, 여호수아, 이사야, 예레미야, 에스겔, 기드온, 입다, 모르드개, 욥, 다윗, 삼손, 옷니엘, 에스더, 고레스왕 등 믿음의 선진들과 대화를 통해 구약 성경에 난해 구절들을 직접 질문하고 설명을 들은 신비한 체험들의 이야기가 나에게 엄청난 도전과 감동과 믿음을 주었기 때문이다. "그러므로 믿음은 들음에서 나며 들음은 그리스도의 말씀으로 말미암았느니라" (롬10:17)

"또 네가 어려서부터 성경을 알았나니 성경은 능히 너로 하여금 그리스도 예수 안에 있는 믿음으로 말미암아 구원에 이르는 지혜가 있게 하느니라" (딤후3:15)

제가 10년 동안 서사라 목사님 옆에서 지켜본 서 목사님은 열방을 다니면서 수많은 영혼들에게 회개를 강조하며 성령 운동을 통하여 하나님의 인을 받은 예수님 신부로 단장시켜 재림을 준비시키고 새 예루살렘성 안으로 들어가게 하는 이 시대의 엘리야처럼 사역하는 분이다. 그리고 국내와 세계 곳곳에 교회들을 세우고 주의 종들을 기도와 물질로 계속 후원하시고 계신 분이다. 개인적으로 예수님을 영접한 후 목회자의 길을 걸어오면서 만난 신령한 주의 종들이 여러분 계셨는데 그중에 서사라 목사님을 만나게 해주신 하나님의 은혜에 진심으로 감사할 뿐이다.

끝으로 대한민국을 향하신 하나님의 뜻은 바른복음(천국복음) 전파를 통해서 복음 통일, 선교한국을 세우는 것인데, 이 사역에 서사라 목사님이 쓰신 모든 책들이 수많은 목회자들과 성도들에게 큰 도움과 감동을 주실 것이라고 굳게 확신한다.

추천서 3

인천기독교총연합회직전회장
기독교대한하나님의성회
경기북인천지역총연합회 부총회장
순복음중앙교회담임목사
진유신 목사

마지막 때가 되면 천사들의 활동은 많아질 것입니다. 이는 그리스도의 목표를 수행해야 할 것이기 때문입니다.

"인자가 그 천사들을 보내리니 저희가 그 나라에서 모든 넘어지게 하는 것과 또 불법을 행하는 자들을 거두어 내어" (마13:41).
"저가 큰 나팔 소리와 함께 천사들을 보내리니 저희가 그 택하신 자들을 하늘 이 끝에서 저 끝까지 사방에서 모으리라"(마24:31)

계시록은 모두 천사들의 활동을 기록하고 있습니다.
예수 그리스도의 계시라 이는 하나님이 그에게 주사 반드시 속히 될 일을 그 종들에게 보이시려고 그 천사를 그 종 요한에게 보내어 지시하신 것이라(계1:1)

서사라 목사님의 영적 세계는 놀랍고 경이롭기만 합니다. 보통 사람들이 체험할 수 없는 경지에 계시기 때문입니다. 천사들의 만남이 그렇습니다. 주의 종이나 예수 믿는 성도라면 보통 기도합니다. 기도한다고 해서 천사들에 이끌려 가히 상상할 수 없는 일을 보고 온다든지 하는 일은 사도 바울 이후 다른 제자들에게도 흔한 일은 아니었습니다. 하지만 서사라 목사님은 기도한 후 천사들의 인도를 받고 주님이 계시는 영계를 마음대로 넘나들면서 구약의 선지자들을 만나서 성경에 궁금한 점들을 풀어오신다는 것입니다. 천상에서 구약의 믿음의 선진들의 모습까지도 보고 참으로 신비롭고 감탄스런 활동을 하십니다. 그중에 하나가 첫 장에 나오는 천상에서의 고레스왕의 만남을 통해서 우리가 궁금해 할 수 있는 것을 풀어 놓으신 것입니다. 그가 유대민족을 바벨론 포로에서 풀어 나오게 하고 하나님의 성전을 짓도록 허락하여 하나님의 종으로 주님의 마음을 시원케 하였으나 천국에서 왕권을 누리지 못하고 있는 것일까 궁금한 점을 성경적으로 풀어 놓았는데 그 내용이 놀랍기 그지 없다는 것입니다.

사실 우리는 천사들의 활동에 대하여 알고는 있지만 이렇게 활발하게 활동하고 있다고 느낄 수 없습니다. 그러나 서사라 목사님은 천상으로 이동을 할 때 아름다운 수레 아니면 구름을 타고 이동을 했다고 합니다. 이는 우리 주님이 목사님을 얼마나 사랑하고 위하시고 예우를 하시고 존귀하게 여기는 대목들입니다. 그리고 두 번씩이나 기도 속에 "내가 네가 될 것이다" 이는 주님이 내 안에 내가 주님 안에 거함으로 앞으로도 계속해서 마지막 때 주님이 귀한 사역을 감당할 수 있도록 하시겠다는 말씀이 아니겠습니까? 또 주님이 내 딸아 불러주시고 품에 안은 채로 이동하실 때 얼마나 황홀하고 얼마나 황송했을까 앞으로 계속해서 주님과 친밀한 교제를 통하여 마지막 때 일어날 일들까지 귀한 말씀을 기록할 것을 기대하면서 서사라 목사님의 구약편 제 3권 "구약의 믿음의 선진들을 만나다" 를 기쁘게 추천합니다.

| 서문 |

하나님께서는 10년 동안 거리 전도하던 저에게 2013년 11월 1일부터 천국과 지옥을 보여주시면서 너는 일곱 권의 책을 써야 한다고 말씀하셨었다. 처음에는 한 번도 책을 써본 적이 없는 저는 너무나 놀라서 '어떻게 제가 일곱 권의 책을 씁니까?' 하고 반문하였으나 이제 거의 9년째인 2022년 7월에 이 일곱 번째의 책을 내가 쓰고 있다는 것이다.

주님께서는 주로 저로 하여금 천국에서 믿음의 선진들을 만나게 하셔서 성경의 궁금한 점들을 물어서 그 의문점들을 풀어서 책으로 펴내게 하셨다.

그리하여 성경은 정확무오한 100% 하나님의 말씀이라 한다면 제가 쓰는 책들은 성경을 더 잘 이해하기 위한 참고서에 불과하다고 말할 수 있는 것이다. 몇몇 사람들은 제가 성경을 다시 쓰느냐라고 반문한다. 그런데 그것이 아니다. 성경을 다시 쓰는 것이 아니라 성경을 더 잘 이해하기 위하여 성경의 의문점들을 천상에서 물어서 풀어서 쓴 것뿐이다.

저는 성경을 수십 독을 하였지만 아무리 읽어도 이해가 안 되는 부분들을 천상에서 그 성경책을 쓴 저자들을 만나서 이해 안 되는 부분들을 물어보아 알게 된 것을 책으로 써낸 것뿐이다.

이번에 나오는 책도 마찬가지이다. 하나님께서는 저에게 지옥편을 빼고서 일곱 권의 책을 쓰라고 하셨는데 일곱 번째 책은 '구약에 대한 책'이라고 말씀하셨다. 그러나 구약이 방대하므로 아마도 앞으로 구약에 대한 책이 여러 권이 더 나올 것으로 예상된다.

이번에는 '구약에 대한 책'(저자의 일곱 번째 책)의 두 번째 책(첫번째 책은 여호수아와 사사기. 그러나 그 이전에도 제 3권으로 창세기가 나왔었고 제 4권으로는 모세편이 나왔었다. 그러므로 구약에 대한 책은 그 이후의 성경책들에 대한 것으로 저자의 일곱 번째 책이다)으로 '룻기서. 사무엘상하. 열왕기상하. 역대상하' 를 출간하게 되었다.

구약에 대한 책 제 1권이었던 '여호수아와 사사기' 에서도 천상에서 성경의 많은 의문점들이 풀리게 되었지만 이번 책에서도 많은 의문점들이 천상에서 알게 되었다.

이 책을 읽는 독자들은 이 책을 읽어내려가면서 놀라운 점들도 있을 것이고 새롭게 느껴지는 부분들도 있을 것이다. 그리고 당연하다라고 느껴지는 것들도 있겠지만 또한 경이롭다고 느껴지는 부분들도 있을 것이다. 그리고 오히려 어떤 부분들은 두렵고 떨린다라는 부분들도 있을 것이다.

저는 하나님께서 쓰라고 하신 이 책을 한 사람이라도 읽고 성경이 풀리게 되며 또한 성경이 진실이라는 것을 알고 저 영생에서도 즉 저 하늘나라에서도 그대로 이 세상에서 그들이 행한 대로 심판을 받는다는 사실을 알고 하나님 앞에 다시 한번 옷매무새를 다듬고 새로운 신앙생활을 하게 된다면 그보다 더 좋은 것은 없으리라 본다. 그리고 특히 성경에 적혀 있는 모든 것이 100% 진실이라고 믿는 자들에게는 이 책에서 기록된 성경의 여러 의문점들에 대하여 천상에서 풀어진 것들을 읽어 내려가면서 그것들이 믿어지는데 있어서 결코 어려움이 없을 것을 저자는 확신하는 바이다.

하나님의 말씀을 담은 성경은 우리에게 이렇게 말하고 있다.

잠시 잠깐 후면 오실 이가 오시리니 지체하지 아니하시리라 [히 10:37]
보라 내가 속히 오리니 내가 줄 상이 내게 있어 각 사람에게 그의 일한 대로 갚아 주리라 나는 알파와 오메가요 처음과 나중이요 시작과 끝이라 [계 22:12-13]
허리에 띠를 띠고 등불을 켜고 서 있으라 너희는 마치 그 주인이 혼인 집에서 돌아와 문을 두드리면 곧 열어 주려고 기다리는 사람과 같이 되라 [눅 12:35-36]

즉 성경은 우리에게 깨어 있으라 주님이 언제 다시 오실지 모른다고 말씀하고 있다. 그러므로 우리는 우주적인 종말이 먼저 오건 개인적인 종말이 먼저 오건 우리는 반드시 곧 주님 앞에 서게 될 것을 예비하는 자들이 되어야 할 것이다.

LA에서 서사라 목사

목차 | 구약편 3권

추천서 1 ● 07

추천서 2 ● 09

추천서 3 ● 12

서문 ● 14

01 천국에서 고레스왕을 만나다.
　－ 2018년 11월 28일 ● 24

02 주님이 '내 분신이 되어라'
　고 말씀하시다.
　－ 2019년 4월 18일 ● 38

03 한국집회를 다녀온 것에 대한
　상들을 천국에서 주시다.
　－ 2019년 5월 7일-11일 ● 39

04 2019년 5월 12일-18일 사이
　에 약 세 번 정도 천국에 올라
　가다. ● 46

05 2주전 돌아가신 김OO 목사님
　을 천상에서 만나다.
　－ 2019년 5월 20일 ● 48

06 천국에서 에스더를 만나다.
　－ 2019년 6월 1일 ● 56

07 성부 하나님과 성자 하나님께
　서 내가 구약에 대한 책을 쓰
　는 것을 매우 기뻐하여 주시
　다.
　－ 2019년 6월 3일 ● 65

천국지옥 간증수기 10
구약편 3권

08 천상에서 모르드개를 만나다.
  – 2019년 6월 4일 ● 69

09 내가 천상에서 주를 위하여 죽으면 죽으리라 결단하다.
  – 2019년 6월 5일) ● 82

10 토마스 주님이 나타나서 베리칩이 666이라고 외치면 많은 영혼들이 그 영혼을 구원하게 될 것이라고 전해주다.
  – 2019년 6월 6일 ● 85

11 주님께서 천상에서 하나님의 인을 맞은 자들의 이름이 적힌 장부를 보여주시며 인사역을 열심히 감당할 것을 알려주시다.
  – 2019년 6월 24일 ● 90

12 천상에서 욥을 만나다. 고난 후에 진짜 복을 받은 이유를 말하다.
  – 2019년 6월 28일 ● 93

13 압살롬이 죽었을 때에 다윗이 슬피 운 진짜 이유를 알게 되다.
  – 2019년 7월 8일 ● 108

14 압살롬과 다윗을 통하여 하나님께서는 우리에게 집안의 원수가 붙는 이유를 알게 하여 주시다
  – 2019년 7월 9일 ● 115

15 주님께서 나에게 '너는 나를 따르라' 는 의미로 내 두 발에도 구멍을 뚫어주시다.
  – 2019 년 11월 4일 ● 126

16 구약에 대한 책(구약편 1권: 여호수아와 사사기)을 빨리 내지 않는 것에 대하여 주님이 화를 많이 내시다. 그리고 천국 컨벤션 센터에서 나를 환영하던 무리들이 한 명도 없다.
  – 2019년 11월 16일 ● 130

17 모세가 내 두 손에 왜 구멍이 뚫려 있는지에 대한 정확한 이유를 말해주다.
  – 2019년 11월 19일 ● 134

목차 | 구약편 3권

18 (1) 주님께서 나에게 '내가 너로라' 하는 말을 황금으로 된 두루마리에 써 주시고 그 뜻을 알게 하시다.
(2) 이사야가 주님이 보여주신 환상 때문에 아마겟돈 전쟁을 예언할 수 있었다는 것을 알게 하여 주다.
— 2020년 6월 15일 ● 137

19 (1) 주님께서 성밖에서 벌을 받는 것을 보게 하시다.
(2) 오늘날 내가 너를 낳았도다. 열방을 구하라
(3) 남북이 통일되는 것을 다시 한번 보여주시다.
(4) 예수님의 피의 능력이 얼마나 큰지 다시 한번 알게 하여 주시다.
— 2020년 7월 26일 ● 156

20 하나님께서 이사야에게 아랫도리를 벗은 몸으로 3년간 행하라는 명령 앞에 그대로 순종할 수 있었던 이사야에 대한 의문이 다 풀리다.
2020년 10월 10일 ● 169

21 여호와의 사자 한 명이 앗수르 진영의 군사들 18만 5천 명을 죽인 사건과 애굽의 장자를 친 사건이 거의 동일한 것이 알아졌다.
— 2020년 10월 21일 ● 176

22 예수님께서 우리가 이 세상에서 가장 두려워하여야 할 것과 이 세상에서 가장 중요하게 여길 것이 무엇인지 가르쳐주시다.
— 2020년 10얼22일 ● 184

23 주님으로부터 구약을 어떻게 쓸 것인가에 대한 매뉴얼이 담긴 청색의 노트와 실제 구약의 내용을 말하는 매뉴얼이 담긴 황금색의 노트를 받다.
— 2021년 2월 6일 ● 189

24 주님께서 나의 동역자 수십 명에게 흰 세마포를 주시다.
— 2021년 2월 11일 ● 192

25 처음으로 천국에서 예레미야를 만나다.
— 2021년 7월 28일 ● 197

천국지옥 간증수기 10
구약편 3권

26 (1) 천국에서 예레미야가 주님으로부터 소명을 받을 때의 나이가 7살이었음을 알게 되다. (2) 천국에서 주님이 예레미야가 독신이었다고 가르쳐 주신 것이 성경, 예레미야 16장 2절에 나타나 있다.
  – 2021년 8월 3일 ● 199

27 예레미야가 하나님의 말씀을 전하지 아니하려 하면 그 중심에 불이 붙는 것같이 하신 것이 하나님의 특별하신 역사이신 것을 알게 하시다
  – 2021년 8월 7일 ● 203

28 천상에서 70이라는 숫자의 의미를 알게 하시다.
  – 2022년 1월 3일 ● 207

29 아침 기도 시간에 주님과 대화가 일어나다.
  – 2022년 2월 19일) ● 213

30 천국에서 에스겔을 만나다. 에스겔서에 나타난 네 생물과 계시록에서 나타난 네 생물은 다르게 창조되었음을 알게 하시다.
  – 2022년 7월 4일) ● 217

31 천상에서 내가 구약에 대한 책(여호수아와 사사기에 대한)을 쓰는 것을 매우 기뻐하여 주다.
  – 2022년 7월 12일 ● 223

32 성부 하나님께서 '너는 예수의 말을 들으라'고 말씀하시다.
  – 2022년 7월 13일) ● 225

33 내가 구약에 대한 책을 써야 주님께서 곧 오실 것이라는 메시지를 주시다.
  – 2022년 7월 26일 ● 233

목차 | 구약편 3권

34 전능자의 목소리는 물소리가 아니라는 것을 알게 해 주시다.
– 2022년 7월 27일 ● 237

35 주님께서는 '내가 아직 준비가 안 되었다'고 말씀하신다.
– 2022년 11월 19일 ● 240

36 (1) 나에게 가면을 벗으라고 말씀하시다.
(2) 이사야, 사도 요한, 에스겔 그리고 주님과 내가 성부 하나님이 계신 궁에 가서 서다.
(3) 독수리 얼굴을 한 여섯 날개 달린 천사를 보다.
– 2022년 11월 25일 ● 244

37 사람의 얼굴을 한 여섯 날개 가진 천사를 보다.
– 2023년 7월 23일 ● 256

38 나의 천상에서의 깨달음
– 2023년 7월 25일 ● 259

39 아침 기도 시간에 '이리로 올라오라' 하시는 음성을 듣다.
– 2023년 8월 3일 ● 262

01 구약편 3권

천국에서 고레스왕을 만나다.

2018년 11월 28일

아침에 여러 시간을 기도한 후에 천국에 올라가게 되었다.
나를 데리러 온 수레 바깥에서 수호하는 천사가 내 입에다가 눈깔 사탕 같은 것을 하나 내 입에 넣어주었다. 나는 그것을 먹었다.
나를 데리러 온 수레는 오늘따라 지붕이 넓은 자주 색깔의 지붕에 그리고 벽은 황금으로 된 수레였다. 내가 수레 안에 타자 키가 8-9피트 되는 천사가 나의 오른편에 서서 나를 맞아주었다.
'와~ 키가 크다.'
그리고 중앙에 놓여 있는 테이블 위에는 구약에 대한 책 (내가 앞으로 계속 써야 할 책)이 놓여 있었다. 그 책은 매우 두꺼웠는데 그 표지는 쑥색깔의 껍질에 금색의 얇은 테두리를 하고 있었다. 그 옆에는 '하나님의 인' 책이 보였다.
그리고 두 공책인 청색 표지의 공책과 황금색 표지의 공책이 놓여 있었다.
나는 이 두 공책을 볼 때마다 나에게는 안타까운 마음이 있었는데 그것은 아직 주님께서는 나에게 그 공책들의 내용을 명확히 잘 안 보여 주시는 것이었다.
내가 그렇게 생각하고 있을 때에 이 키가 큰 천사가 내게 이렇게 말하는 것이 알아졌다. '주님께서 가르쳐 주실 것입니다'라고 말이다.

그리고 또 하나의 천사가 내가 수레로 들어오는 입구에서 반대편에 흰 두 날개를 가지고 얌전히 앉아 있다가 나를 보고 맞이하면서 일어서서 그 키 큰 천사 옆에 가서 서는 것이었다.
'아하~, 이들이 서로 다른 천사들이었구나!'
어제와 그제 천국에 올라갈 때 보니까 여기는 적지 아니하였으나 수레 안에 키가 큰 천사가 자꾸 보였었는데 나는 이 키 큰 천사가 항상 수레 안에 내가 들어오는 입구 반대편에 앉아 있는 그 천사인가라고 궁금했는데 오늘 보니 확실히 다른 두 명의 천사들이라는 것이 알아진 것이다. '와우~ 나를 천국으로 안내하는 수레 안에 천사 한 명이 또 늘었네...'
이제 수레 안에서 나를 수호하는 천사가 두 명이 되었다.
나는 수레 안에 내가 앉는 자리에 가서 앉았다.
그랬더니 수레 바깥에서 나를 수호하는 천사가 꼭 수레 안을 다 들여다보듯이 내가 수레 안에 내가 앉는 자리에 가서 앉으니 '이제 올라갑니다'하고 출발하는 것이었다. 즉 그는 내가 내 자리에 가서 앉기까지 기다렸다가 한 말처럼 보였다. 수레 바깥에서 수레 안을 다 들여다보듯이 말이다. 그리고 그 수레 입구 반대편에 앉아 있던 천사가 수레 바깥에 있는 천사에게 손을 들어 보이는 것이 보였다.
'와우~' 분명히 천사 한 명은 수레 바깥에서 나를 수행하는 천사이고 내가 수레 안에 있으면 그는 내가 볼 수 없는데... 또 한 명은 수레 안에 있으면서 나를 수행하는데 그들은 서로를 보듯이 교통하고 있었던 것이다. 나는 이것이 매우 신기하였다. 수레 안에 있는 내 눈에는 수레 바깥의 천사가 안 보이는데 그들은 그들 사이에 벽이 없듯이 서로를 다 보고 있었던 것이다. 와우~~, 천사들은 그런 것인가?

그리고 수레는 연못가의 공중에 도달하였다. 역시 연못가의 공중에 도달한 수레는 연못가 위의 공중에서 처음 나를 데리러 온 수레보다 훨씬 더 아름답게 꼭 신부가 결혼할 때에 입는 드레스를 입는 것 같이 그렇게 수레 장식이 변하고 있었다. 특히 바깥 수레 벽이 너무나 아름다운 황금 장식으로 변하고 있었다.

'와우 아름답다.'
그리고 그 수레와 말들은 공중에 떠 있는 상태였다. (나는 수레가 연못가 공중에 도달하면 왜 그렇게 더 아름답게 변하는지에 대하여는 나중에 설명하려 한다.)
저 밑에서 주님께서 기다리시는데 나를 보고 이렇게 말씀하시는 것이 알아졌다.

'너는 나를 만나러 온 것이지?'라고.

그래서 나는 대답하였다. "네, 주님 그렇습니다"

그랬더니 주님께서 이렇게 말씀하셨다.

"너는 혼자 이리로 내려오너라"

즉 이 말씀은 수레는 공중에 있어도 나는 그냥 내려올 수 있다는 것을 말씀하시는 것이었다. 이것은 다시 나에게 천국에서 꼭 수레가 바닥에 안 닿아도 내가 그냥 내려갈 수 있음을 말씀하시는 것이었다. 우리는 수레가 꼭 바닥에 닿아야 한다고 생각하는데 그것이 아닌 것이다.

그래서 나는 혼자서 주님께로 내려갔다.
나는 벌써 주님을 보자마자 반가워서 내 눈에 눈물이 가득하여 주먹으로 눈물을 훔치고 있었다.
나는 내가 주님의 발 앞에 도착하니 주님께서는 나에게 '빨리 앉거라'고 하셨다. 그러고서는 주님께서는 나를 벤치에 앉혀놓고 내 발을 씻기시기 시작하셨다.
나는 주님께 말씀드렸다.
"주님 저는 주님께서 저의 발을 안 씻기기를 원한다고 말씀드렸었잖아요."
이유는 나는 너무 황송해서였다.
그러나 주님이 이렇게 말씀하셨다.
'괜찮아 내가 너를 씻겨야 해.'라고 하시면서 '손도 내어 놓아라' 하셔서 손도 씻기시고 또 얼굴도 씻기시는 것이었다. 그런 후에는 다른 천사가 생명수를 긴 항아리에 담아가지고 와서는 내 머리 위로 부었다. 그러자 나의 온몸이 정결하게 씻겨 내려갔다.

그런 후에 나는 주님께 말씀드렸다.

"주님, 제가 고레스 왕을 보고 싶어요."

그리하였더니 주님께서는 나를 데리고 날기 시작하셨다.
그러자 나는 어떤 생각이 들어왔냐면'혹시 고레스왕은 왕권을 가지고 있지 않은 것은 아닌지?'하고 의심이 일어났다. 왜냐하면 주님이 나를 연못 위에 있는 터널로 가서 그렇게 그의 집으로 인도하신 것이 아니었기 때문이다.

그러나 이것만으로는 잘 모르겠다. 왜냐하면 이전에 베드로의 집으로 갈 때에도 구름을 타고 간 적이 있기 때문이다. 그런데 베드로의 집은 왕의 도시에 있었다. 그러므로 이 고레스왕의 집이 꼭 연못의 터널 안으로 들어가서 그 집에 도착하지 아니하였다 하여 그가 왕권을 가지고 있지 않다고는 현재로서는 나는 말할 수 없었다.

그런데 주님께서는 나를 데리고 어느 집으로 가셨는데 거기서 우리는 정원에서 아름다운 꽃을 한 움큼씩 정리하고 있는 고레스 왕을 만났다.

그는 검은 머리로 남자 같은 머리에 코밑에와 턱에 검은 수염을 달고 있었다.
그리고 그는 나무 색깔의 옷을 입고 있었는데 나는 꼭 그것이 그가 나무꾼 같은 혹은 사냥꾼 같은 느낌을 받았던 것이다. 그런데 이가 고레스왕이었다. 지상에서는 얼마나 화려하게 입고 왕의 생활을 했는지는 모르겠으나 어쨌든 나는 그를 그의 집 정원에서 만났고 나무 색깔의 밤색으로 된 옷을 입고 있었는데 그 옷은 길이가 무릎까지 내려왔고 소매가 없는 옷으로 허리에는 가죽으로 허리 띠를 매고 있었다. 그리하여 그의 모습은 꼭 사냥꾼을 연상케 하였다.
그의 집은 아주 크지는 않았으나 크고 넓은 편의 단층의 현대식 건물처럼 보였고 집 안의 거실에서 원탁 테이블에 주님과 고레스왕 그리고 내가 앉았다.
그는 턱수염이 있는 젊은이였고 그런대로 얼굴이 갸름하게 잘생긴 모습이었다.
주님께서는 나에게 '질문하라' 하셨다.
나는 고레스왕에게 바벨론에 흩어져 사는 이스라엘 사람들에게 예루살렘으로 돌아가서 성전을 지으라 하였을 때에 하나님께서 어떻게 그렇게 그에게 그렇게 하도록 지시하셨는가를 물었다. 그랬더니 그는 자신에게 하나님의 지혜와 계시의 영이 임하였다고 하면서 그래서 하나님의 뜻이 계시로 알게 되었다고 하였다.

아니나 다를까
성경은 '하나님의 감동으로'라는 말을 쓰고 있는 것을 본다.
그래서 고레스 왕이 하나님의 뜻을 알게 되었다고 표현하고 있는 것이다.

[대하 36:22]

바사의 고레스 왕 원년에 여호와께서 예레미야의 입으로 하신 말씀을 이루시려고 여호와께서 바사의 고레스 왕의 마음을 감동시키시매 그가 온 나라에 공포도 하고 조서도 내려 이르되

[대하 36:23]

바사 왕 고레스가 이같이 말하노니 하늘의 신 여호와께서 세상 만국을 내게 주셨고 나에게 명령하여 유다 예루살렘에 성전을 건축하라 하셨나니 너희 중에 그의 백성된 자는 다 올라갈지어다 너희 하나님 여호와께서 함께 하시기를 원하노라 하였더라

즉 그 명령을 직접 음성으로 들은 것이 아니라 지혜와 계시의 영이 임하여 성령의 감동으로 알게 되었다는 것이다.
할렐루야.

그래서 그는 포로로 끌려온 이스라엘 민족의 후손들에게 재물을 주어 보내면서 가서 예루살렘 성전을 건축하라 하였다고 했다.

이사야는 고레스왕이 이 세상에 태어나기 150년 전에 하나님으로부터 고레스왕에 대한 예언을 받았다.

[사 44:28]
고레스에 대하여는 이르기를 내 목자라 그가 나의 모든 기쁨을 성취하리라 하며 예루살렘에 대하여는 이르기를 중건되리라 하며 성전에 대하여는 네 기초가 놓여지리라 하는 자니라

이사야 선지자는 BC 700년경의 사람이고 고레스왕은 BC 559-530년경 사람이므로 그 연도의 차이가 150년이라는 숫자가 차이가 난다. 또 예언하기를

[사 45:1-6]
1 여호와께서 그의 기름 부음을 받은 고레스에게 이같이 말씀하시되 내가 그의 오른손을 붙들고 그 앞에 열국을 항복하게 하며 내가 왕들의 허리를 풀어 그 앞에 문들을 열고 성문들이 닫히지 못하게 하리라 2 내가 네 앞서 가서 험한 곳을 평탄케 하며 놋문을 쳐서 부수며 쇠빗장을 꺾고 3 네게 흑암 중의 보화와 은밀한 곳에 숨은 재물을 주어서 너로 너를 지명하여

부른 자가 나 여호와 이스라엘의 하나님인 줄 알게 하리라 4 내가 나의 종 야곱, 나의 택한 이스라엘을 위하여 너를 지명하여 불렀나니 너는 나를 알지 못하였을지라도 나는 네게 칭호를 주었노라 5 나는 여호와라 나 외에 다른 이가 없나니 나 밖에 신이 없느니라 너는 나를 알지 못하였을지라도 나는 네 띠를 동일 것이요 6 해 뜨는 곳에서든지 지는 곳에서든지 나 밖에 다른 이가 없는 줄을 무리로 알게 하리라 나는 여호와라 다른 이가 없느니라

그래서 고레스왕은 다음과 같이 명령을 내린다.

[스1: 1-11]

1 바사 왕 고레스 원년에 여호와께서 예레미야의 입으로 하신 말씀을 응하게 하시려고 바사 왕 고레스의 마음을 감동시키시매 저가 온 나라에 공포도 하고 조서도 내려 가로되 2 바사 왕 고레스는 말하노니 하늘의 신 여호와께서 세상 만국으로 내게 주셨고 나를 명하사 유다 예루살렘에 전을 건축하라 하셨나니 3 이스라엘의 하나님은 참 신이시라 너희 중에 무릇 그 백성 된 자는 다 유다 예루살렘으로 올라가서 거기 있는 여호와의 전을 건 축하라 너희 하나님이 함께 하시기를 원하노라 4 무릇 그 남아 있는 백성이 어느 곳에 우거하였든지 그곳 사람들이 마땅히 은과 금과 기타 물건과 짐승으로 도와주고 그 외에도 예루살렘 하나님의 전을 위하여 예물을 즐거이 드릴지니라 하였더라 5 이에 유다와 베냐민 족장들과 제사장들과 레위 사람들과 무릇 그 마음이 하나님께 감동을 받고 올라가서 예루살렘 여호와의 전을 건축코자 하는 자가 다 일어나니 6 그 사면 사람들이 은그릇과 황금과 기타 물건과 짐승과 보물로 돕고 그 외에도 예물을 즐거이 드렸더라 7 고레스 왕이 또 여호와의 전 기명을 꺼내니 옛적에 느부갓네살이 예루살렘에서 옮겨다가 자기 신들의 당에 두었던 것이라 8 바사 왕 고레스가 고지기 미드르닷을 명하여 그 그릇을 꺼내어 계수하여 유다 목백 세스바살에게 붙이니 9 그 수효는 금반이 삼십이요 은반이 일천이요 칼이

이십 구요 10 금대접이 삼십이요 그보다 차한 은대접이 사백 열이요 기타 기명이 일천이니 11 금, 은기명의 도합이 오천 사백이라 사로잡힌 자를 바벨론에서 예루살렘으로 데리고 올 때에 세스바살이 그 기명들을 다 가지고 왔더라

그러나 이 모든 것이 이루어지기까지는 눈물의 금식기도가 있었다는 것이다.

[겔 36:36-37]

36 너희 사면에 남은 이방 사람이 나 여호와가 무너진 곳을 건축하며 황무한 자리에 심은 줄 알리라 나 여호와가 말하였으니 이루리라 37 나 주 여호와가 말하노라 그래도 이스라엘 족속이 이와 같이 자기들에게 이루어주기를 내게 구하여야 할지라 내가 그들의 인수로 양떼 같이 많아지게 하되

즉 하나님께서 예레미야를 통하여 예언하신 것을 이루시기 위하여 하나님께서는 다니엘을 선택하셔서 기도하게 하셨다.

[단 9:1-3]

1 메대 족속 아하수에로의 아들 다리오가 갈대아 나라 왕으로 세움을 입던 원년 2 곧 그 통치 원년에 나 다니엘이 서책으로 말미암아 여호와의 말씀이 선지자 예레미야에게 임하여 고하신 그 연수를 깨달았나니 곧 예루살렘의 황무함이 칠십년만에 마치리라 하신 것이니라 3 내가 금식하며 베옷을 입고 재를 무릅쓰고 주 하나님께 기도하며 간구하기를 결심하고

[단 9:16-19]

16 주여 내가 구하옵나니 주는 주의 공의를 좇으사 주의 분노를 주의 성 예루살렘, 주의 거룩한 산에서 떠나게 하옵소서 이는 우리의 죄와 우리의 열조의 죄악을 인하여 예루살렘과 주의 백성이 사면에 있는 자에게 수욕을 받음이니이다 17 그러하온즉 우리 하나님이여 지금 주의 종의 기도와 간구를 들으시고 주를 위하여 주의 얼굴 빛을 주의 황폐한 성소에 비취시옵소서 18 나의 하나님이여 귀를 기울여 들으시며 눈을 떠서 우리의 황폐된 상황과 주의 이름으로 일컫는 성을 보옵소서 우리가 주의 앞에 간구하옵는 것은 우리의 의를 의지하여 하는 것이 아니요 주의 큰 긍휼을 의지하여 함이오니 19 주여 들으소서 주여 용서하소서 주여 들으시고 행하소서 지체치 마옵소서 나의 하나님이여 주 자신을 위하여 하시옵소서 이는 주의 성과 주의 백성이 주의 이름으로 일컫는바 됨이니이다

하나님께서는 예레미야를 통하여 예루살렘이 70년 만에 회복되리라 하셨고 이를 다니엘이 깨닫고 금식하고 조상들의 죄를 회개하고 기도하였으며 하나님께서는 이 기도를 들으시고 그것을 고레스 원년에 이루신 것이다. 하나님의 예언은 시대를 걸쳐서라도 세대를 걸쳐서라도 반드시 이루어짐을 볼 수 있다.

하나님께서는 아브라함에게 그의 후손들이 다른 나라에서 4백 년간 종살이 하다가 재물을 가지고 나와서 가나안으로 들어갈 것이라고 말씀하셨는데 그 예언은 약 600년 후에 이루어졌던 것이다. 그와 같이 하나님의 약속의 말씀은 반드시 이루어진다.

기도의 순서를 한번 생각하여 본다.

1. 하늘에서 하나님이 뜻을 세우신다. 여기서는 예루살렘의 황폐함이 70년 만에 그치게 할 것이라는 뜻을 하나님께서 하늘에서 세우신 것이다.
2. 그 뜻을 우리 인간에게 알게 하신다. 즉 하나님께서는 예레미야에게 이것을 알게 하셨다.
3. 그 뜻을 놓고 반드시 우리 인간의 기도가 필요로 하였다. 그래서 하나님은 우리에게 구하여야 할지니라라고 말씀하고 계신 것이다. (겔 36:36-37)
   그리하여 다니엘이 그 예언의 성취를 놓고 기도하였다. 여기서 우리 인간이 하나님의 뜻이 이루어지도록 동역하는 것이다.
4. 하나님께서 그 뜻을 이루신다. 여기서는 하나님께서 고레스왕을 통하여 이루게 하셨다.

고레스왕 때에 예루살렘으로 스룹바벨과 함께 약 4만 명이 1차 귀환하였으나 (BC 538) 그런데 그들이 바로 성전건축을 시작한 것이 아니라 귀환한 지 2년 2월에 역사를 시작하였으나 (BC 536) 외부의 방해로 그 역사가 그 해에 중단되어서 다리오 왕이 왕위에 오르기까지 (BC 520) 그 역사가 16년간이나 중단되었다. (스 4:24) 다리오 왕 때에 유다에 있는 장로들이 다리오 왕에게 편지를 올려서 고레스왕이 예루살렘 성전을 지으라고 보냈는데 방해로 못짓고 있으니 짓게 하여 달라고 하였다. 그것을 다리오 왕이 고레스왕 때에 내려진 법령을 발견하고 예루살렘 성전을 짓기 시작하여 BC 516년에 완공한다. 이는 정확히 바벨론의 느부갓네살왕에 의하여 예루살렘 성전이 다 훼파된 지 (BC 586) 정확히 70년 만이다. 즉 하나님께서 예레미야 선지자에게 예루살렘이 훼파된 지 70년 만에 회복되리라 한 예언이 정확히 이루어진 해였다.

문제는 나는 고레스왕이 왕권을 가지고 있지 않은 것으로 보였다는 것이다.
만일 혹 그가 그렇다고 한다면 왜 그런지를 생각해 보아야 했다.

그리고 그 이유가 알아졌는데 그것은 그가 바벨론에 있는 이스라엘 사람들을 예루살렘 성전을 건축하라고 보내었으나 그가 그 이후는 더 이상 그 성전을 짓는데 관심을 두지 않았다는 것이다. 그는 단지 이스라엘 사람들을 예루살렘으로 돌려 보낸 것으로 마친 것이었다. 만일 그가 열심히 그 성전 짓기를 마치기까지 도왔더라면 그는 하나님의 명령에 충성하여 지금 천국에서 왕권을 가질 수 있었을 것임이 알아졌다.

나는 같은 테이블에 내 앞에서 고레스왕이 앉아 있는데 이러한 생각을 하는 것이 좀 미안했다. 그러나 내 안에서 일어나는 질문이 그러하였고 또한 천국에서 알아지는 것이 그러하였으므로 어쩔 수 없었다.
그런 후에 주님과 나는 다시 연못으로 돌아왔고 나는 지상으로 내려왔다.

그 후에 나는 며칠 뒤에 하나님의 은혜로 천국에 다시 올라가게 되었다. 수레 안에는 8-9피트 되는 천사가 하나 더 늘었다. 이 천사는 남성처럼 보이는 천사다. 맞은편에 앉아 있던 남성처럼 보이는 천사도 이제는 그 8-9피트 되는 천사 옆에 가서 섰다.
그러니까 수레 안에서 이제는 두 천사가 서서 나를 맞이하여 준다.
나는 수레 안으로 들어와서 내 자리에 앉았다.
수레 바깥의 천사가 수레를 곧 출발시켰다. 수레는 연못가에 도달하였다.
주님께서 나를 기다리고 계셨다.
주님과 나는 연못가에 앉았다.
주님이 나에게 이렇게 물으셨다.
"사라야, 고레스왕이 왕권을 가진 것 같으냐 안가진 것 같으냐?"
주님은 내 안에서 일어나는 모든 질문을 알고 계셨다.
"주님, 저는 솔직히 말해서 안 가진 것 같아요."
그랬더니 주님께서 그것이 맞다는 것을 알게 하여 주셨다.
할렐루야.

그리고 이를 예상할 수 있도록 나에게 해준 것이 예수님께서 그의 집을 갈 때에 나를 구름을 태우고 가셨다. 연못 위의 터널을 통하여 가게 하시지 않고. 터널을 통하여 가는 곳은 왕권을 가진 자들이 사는 '왕의 도시'(내가 붙인 이름이다. 왜냐하면 여기는 모두가 다 왕권을 가진 자들의 집들이 있었다.)였다.
두 번째로 그렇게 예상할 수 있었던 것은 고레스왕의 집이 큰 궁처럼 생기지 않았고 단층의 흰색 건물이었다는 점이다.

나는 천상을 내려와서 왜 고레스왕이 천국에서 왕권을 가지고 있지 못할까를 생각하여보았다. 나는 제일 좋은 방법은 그것을 성경에서 찾아보는 방법밖에 없었다.

그리고 나는 그 이유를 알아냈다.

고레스왕은 유다 사람들을 예루살렘으로 성전을 지으라고 금과 은과 필요한 모든 것을 제공하여 보내었으나 그러나 그 이후에 정작 그들이 그곳에서 어떻게 하고 있는지를 체크하지 않았다.

그들이 성전을 짓고 있는지 아니 짓고 있는지를 계속 알아보지 않았고 또한 그것을 감독하게 하지도 않았던 것이다. 즉 그는 BC 538년에 유다 사람들을 보내었고 그들은 도착한지 2년 후 BC 536년에 역사를 시작하였으나 주위의 방해 공작으로 그 해에 중단되어 16년간을 BC 520년까지 그 역사가 중단되었다. 그런데 고레스왕은 이에 전혀 관여치 않았던 것이다. 자신은 그가 BC 538년-BC 530년 동안 왕위에 있는 기간이었음에도 불구하고 자신이 관심을 갖고 그 역사를 진행하는데 적극적이지 않았다는 것이다.

그리고 그는 BC 530년경에 애굽과의 전쟁에서 그의 생을 마감하였다. 즉 그는 하나님께서 주신 소명을 끝까지 죽도록 충성하지 않았던 것이다.

그리하여 그는 천상에서 왕권을 가지지 못한 것으로 나타났다. 이를 알게 하여 주신 주님을 찬양한다.

여기서 우리가 받는 교훈은 우리가 하나님으로부터 생명의 면류관을 받아 쓰려면 우리는 우리에게 주어진 사명과 소명에 죽도록 충성하여야 한다는 것이다.

그리하여야 천국에서 왕권을 가질 수 있게 될 것이다. 할렐루야.

주님 알게 하여 주셔서 감사드립니다.

 구약편 3권

주님이 '내 분신이 되어라' 고 말씀하시다.

(2019년 4월 18일)

한국에서 3개월에 걸쳐서 집회를 인도하고 LA로 온 지 약 1주일이 되었다.
아침에 기도하는 시간에 주님이 이렇게 말씀하셨다.
"너는 내 분신이 되어라."
언뜻 들어서는 나는 그 말씀에 전혀 자신이 없었다.
그러나 나는 방언으로 기도하면서 '내가 어떻게 하면 예수님의 분신이 되는 것일까?' 하고 궁금하여 주님께 여쭈었다.

그리하였더니 주님께서 다음과 같이 말씀해 주셨다.

1. 너는 거짓말을 하지 말아야 한다.
2. 너는 너 자신을 포기하고 오직 나만 따라와야 한다.
3. 너는 어떠한 핍박이 오더라도 받을 준비가 되어 있어야 한다.
라고 하시는 것이었다.
예수님 때문에 핍박을 안 받는 자가 아니라 받는 자가 하나님의 진리를 그대로 전하는 자라는 것이다. 할렐루야. 주님, 감사합니다.
주님께서는 내가 그분의 분신이 되기 위하여서는
나는 거짓말을 하지 말아야 하고 나를 스스로 포기하고 주님만 따라가야 하며 또한 어떠한 핍박이 오더라도 그것을 두려워하지 않고 진리를 그대로 선포하여야 한다고 하신 것이다. 할렐루야. 주님, 감사합니다. 자격도 없는 저를 그래도 그렇게 불러주셔서...

03 구약편 3권
한국집회를 다녀온 것에 대한 상들을 천국에서 주시다.
(2019년 5월 7일-11일)

(1) 집회 갔다 온 후에 주님께서는 내게 면류관을 주셨다.
(2) 주님께서는 내게 네 생물 중 송아지 얼굴을 한 천사를 보여주셨다.
(3) 주님께서는 나를 데리러 온 말이 한 마리 더 늘게 하셨다.
(4) 주님께서는 한국집회를 갔다 온 것을 축하하는 파티를 이사야의 집에서 열어주셨다.

한국에 3개월 이상 집회를 다녀와서 기도줄을 잡느라고 많은 시간을 보냈다. 그러나 그러함에도 불구하고 하나님께서는 조금 조금씩 천국을 보여주셨는데 천국에서 여러 날을 통하여 내가 한국집회를 다녀온 것을 기뻐하여 주셨고 또한 내게 여러 이런저런 선물과 상을 천국에서 주셨다. 나는 그것들을 여기 간략히 적어본다.

(1) 집회 갔다 온 후에 주님께서는 내게 면류관을 주셨다.

나를 데리러 온 수레가 하얀 궁처럼 보이더니 나를 열 마리의 말들이 데리러 왔고그 수레는 나를 주님의 집무실이 있는 곳 가까이에 와서 나를 내려놓은 것이다.
나는 이번이 처음이었다. 이렇게 수레가 나를 여기까지 데려온 적은 이전에는 없었다.
나는 주님의 집무실 안으로 들어갔다.
주님의 집무실 안에는 원탁 테이블이 놓여 있었고 주님께서는 나에게 큰 면류관을 주셨는데 그 면류관은 살색과 분홍색이 어우러진 면류관으로 아주 길고 위가 넓고 머리가 쓰는 부위가 좁은 모양을 하고 있었다.
꼭 이전에 큰 대감이 쓰는 그러한 면류관처럼 생겼다. '와우~ 크기도 크다!' 그런데 그것을 내게 주시는 것이었다. 상이었다. 나는 즉시 그 상이 집회 갔다 온 것에 대한 상인 것을 알 수 있었다. 나는 즉시 이것을 내 집에 있는 보물함 안에 보관하였다. 그 보물 함에는 각종 아름다운 보석들이 있었는데 나는 그 면류관을 그것들 위에 놓은 것이다.

(2) 주님께서는 내게 네 생물중 송아지 얼굴을 한 천사를 보여주셨다.

천국에 올라갔다.
나를 데리러 온 마차가 나를 연못가에 공중에 내려놓았고 여성 천사처럼 보이는 분홍색 옷을 입은 두 천사가 나의 손을 잡고서 주님께로 인도하였는데 이 천사들의 옷은 분홍색이었는데 이 연못가에서는 더 아름답게 그 모양이 변하는 것을 보았다.
나는 이들의 손을 잡고 주님께로 도착하였는데 나는 벌써 주님을 만나는 그 기쁨에 내 눈에는 눈물이 번뜩번뜩하게 비쳤다.
주님께서는 나를 끌어 안으시고 내 얼굴에 자신의 얼굴을 비비셨다. 기쁘고 기쁘신 것이었다. 주님의 두 눈에는 눈물도 흘러내렸다.

그런 후에 주님께서는 나를 유리 바다로 데리고 가셔서 둥근 보트에 태우셨다. 희고 아름다운 보트다. 이전에도 여기에 몇 번 주님과 함께 탄 적이 있다.
그리고서는 주님께서 말씀하신다.
'네가 이것을 궁금하여 하지?' 하시는데 바다 위로 저 멀리에 크게 송아지 얼굴이 보였다. '오호라...'
나는 즉시 그것을 보는 순간 송아지 얼굴을 한 천사구나!'가 알아졌다. 네 생물중에서 말이다.
그런데 그의 머리는 회색으로 양옆으로 내리고 있었고 송아지의 얼굴이나 그 표정은 꼭 사람처럼 보이는 것이었다.
와우~ 내가 이번에는 이전에는 사자의 얼굴을 한 천사를 보았는데 그 때에도 바다위 저 멀리에서 크게 보였었는데 그리고 그 얼굴은 분명히 사자의 얼굴인데도 그 표정은 꼭 사람의 표정과 같은 것을 보았는데 오늘도 나는 저 바다 멀리 위에서 송아지의 얼굴을 보았으나 그 표정은 사람의 표정과 같았다.
'와 이제는 내가 송아지의 얼굴을 한 천사를 보고 있네...'

놀라웠다. 그리고서는 나는 내려오게 되었다.
즉 오늘 주님께서는 나를 송아지 얼굴을 한 천사를 보여주시기 위하여 하늘로 올리우신 것이었다.

(3) 주님께서는 나를 데리러 온 말이 한 마리 더 늘게 하셨다

이틀 정도 전이었다.
나를 데리러 온 수레를 끄는 말들 중에 한 마리가 더 늘었다.
이 말은 우리가 볼때 나의 오른편에 가장 먼저 온유 충성이가 서는데 그 다음에 서 있었는데 그 이름은 '지도'라는 것이 알아졌고 그 말은 검정색과 푸른빛이 나는 몸에 하얀 머리털을 가진 눈이 큰 아름다운 말이었다. 와우~
저러한 색깔을 가진 말도 있구나 할렐루야. 그리고 그 이름 '지도'라는 말이 성령님의 인도와 지도라는 말에서 나온 것임이 알아졌다. 즉 성령님의 지도하심에서 나온 이름 '지도'인 것이다. 할렐루야. 즉 이번 집회를 갔다와서 주님께서는 내게 수레를 끄는 말 한 마리를 상으로 더 주신 것이다. 할렐루야.

(4) 주님께서는 한국집회를 갔다 온 것을 축하하는 파티를 이사야의 집에서 열어주셨다.

그 후에도 내가 몇 시간씩 기도한 후에 천국을 올라가게 되었는데 이제는 열한 마리의 말들이 나를 데리러 왔다.

그때 수레 바깥의 천사가 내게 이렇게 말했다.
'주인님 저는 주인님의 종입니다.'라고 말했다.
그러면서 그는 나를 데리러 온 말들을 가리키면서 하는 말이 '이 말들도 주인님의 종들입니다.'라고 하는 것이었다.
나는 묻지도 아니하였으나 오늘 수레 바깥의 천사가 내게 그렇게 말했다.
내가 수레를 타니, 수레 안에서는 두 천사가 두 손을 앞에 가지런히 모으고서 나를 맞이하여 주었다.
문쪽에 가까이 선 키가 8-9피트나 되는 남성처럼 보이는 천사가 한 명 그리고 그 옆에 서 있는 보통 사람의 키만한 남성처럼 보이는 천사가 나를 맞아주었다. 이들은 둘 다 하얀 옷과 하얀 두 날개를 가지고 있었다.
나는 내가 항상 수레 안에서 앉는 자리에 와서 앉았다.
나의 오늘 모습은 연한 하늘색의 아름다운 드레스를 입고 있었고 머리에도 그러한 색깔이 나는 면류관을 쓰고 있었다.

그러고서 이 수레는 나를 어느 강가 옆에다가 내려놓았는데 보니까 그곳은 이사야의 집 옆에 있는 생명강가였다. 거기에는 주님과 이사야가 있었고 나는 먼저 강 안으로 들어가서 몸을 담그고 깨끗이 한 후에야 강가로 나왔다. 주님과 이사야는 이야기를 주고 받으면서 나를 맞이하여 주셨다. 주님은 이사야에게 이번에 '사라가 수고를 많이 하였다'고 하셨다. 그러자 이사야가 나를 보고 웃으면서 '사라님 수고 많이 하셨어요'라고 마음으로 그 말을 전하는 것이었다.
그런 후 주님과 이사야 그리고 나는 걸어서 이사야의 집안으로 갔다. 거기에는 사춘기 나이의 천사들이 우리를 맞아주면서 길을 비켜 주었고 이사야의 집 안에는 믿음의 선진들이 와 있었다.
이사야의 집 즉 궁 중앙에는 큰 잔치가 벌어지고 있었고 중앙에는 나선형처럼 생기면서 올라가는 큰 케익이 놓여 있었다. 이 크기는 아마도 사람의 약 3-4배 정도 높이로 맨 밑의 넓이는 약 지름이 5-6m 정도 되는 넓이로 위로 올라가면서 피라밋 모양으로 나선형으로 만들어져 있었고 먹고 싶은 각각의 음식과 과일들이 그 나선형으로 올라가는 곳곳에 올려져 있었고 아기 천사들이 그 위를 날아다니면서 각자 먹고 싶은 것을 작은 접시에다가 담아서 믿음의 선진들에게 나르고 있었다.

나에게 가장 먼저 와서 인사하는 믿음의 선진은 베드로였다.
베드로는 아래위로 흰옷을 입고 있었고 큰 둥근 눈에 머리는 5cm 정도 길이의 고불고불한 갈색 머리로 얼굴은 약간 긴 편에 속했다. 그가 와서 내게 먼저 인사를 했다.
내게 알려지기를 오늘 이 파티는 내가 한국에 가서 3개월 이상 집회를 하고 온 것에 대한 축하의 파티였던 것이다.
오~ 할렐루야.

그 다음 내게로 온 믿음의 선진은 에스더였다.
지상에서 아름다웠던 에스더 여왕과 같은 아름다운 에스더, 밝은 미소의 에스더였다.
그녀는 나타나면 늘 나에게 '죽으면 죽으리라 하라' 하는 메시지를 주었다.

그녀는 오늘 내게 밝은 미소를 지으면서 와서 인사를 나누었다.
그다음 내게는 사도바울이 보였다. 모세도 보였다. 또한 다윗도 와 있었다. 그들은 다 내게 인사하였다. 그러자 나는 내 눈에 눈물이 가득 고였다.
그것은 내가 그들을 보는 것이 너무 반갑고 고마워서였다.
그다음 마리아가 보였다. 예수님을 육체로 낳은 마리아.
그다음 삼손이 보였다. 그리고 입다가 보였다.
할렐루야.
이렇게 믿음의 선진들이 와서 이사야 집에서 열린 그 파티를 즐거워하여 주었다.

그런 후에 주님께서는 나를 컨벤션 센터에 데리고 가셔서 무대 위에 나를 세워놓고 흰 옷 입은 무리들 앞에서 이렇게 말씀하셨다.
'사라가 이번에 이렇게 수고를 했다'고 그리하였더니 흰옷 입은 무리들이 환호를 질러댔다. 모두가 나에게 참 잘하고 왔다는 것이다.
할렐루야.

주님 감사합니다.
이렇게 환영을 하여 주셔서……

 구약편 3권

2019년 5월 12일-18일 사이에 약 세 번 정도 천국에 올라가다.

그리고 최근에 수레 안에 천사 한 명이 더 늘었다.
지금까지 수레 안에서 나를 섬기는 천사는 두 명이었다. 이들은 하나는 8-9피트 정도 되는 키가 큰 천사와 또 하나는 사람의 키만 한 천사로서 이 둘은 보기에 남성 천사들처럼 보인다. 이들이 있었는데 하나님께서는 또 한 명의 천사를 수레 안에 주신 것이다.
이 천사는 여성 천사처럼 보였고 키는 사람의 키만 하고 아주 얼굴이 동안으로 귀여워보였다. 그리고 이 천사의 수레 안에서의 역할은 수레 안에 있는 중앙의 테이블 위에 놓여 있는 두꺼운 책 즉 구약에 대한 책을 나에게 인식시켜주기 위하여 생긴 천사라는 것이 알아졌다. 즉 그 책을 나에게 쓰도록 자꾸 기억케 하는 천사였다. 내가 수레에 타자마자 그 천사는 그 테이블 위에 놓여 있는 두꺼운 책을 집어서 나에게 주었다.
이 책은 겉표지들이 쑥색으로 그리고 그 가장자리가 황금색 띠로 둘러져 있었고 그리고 그 앞표지에 책 제목이 적혀 있었는데 아무래도 황금색으로 보였다.
내가 수레를 타서 내가 수레 안에 내 자리로 와서 앉으니 바깥에서 나를 수호하는 천사가 출발을 했다.

그리고 이 수레는 연못가의 공중에 와서 섰다.

참으로 희한한 것은 수레가 연못가의 공중에 와서 서면 이 수레는 갑자기 더 아름다운 수레로 장식된다. 더 멋있는 수레로 바뀌는 것이다.
즉 예를 들어서 갑자기 수레 앞이 꼭 신부가 주로 장식하는 그러한 아름다운 레이스로 장식이 된다.
이 이유에 대하여는 다음에 설명하기로 하겠다.
간단히만 말하자면 다른 층으로 옮겨오기 때문인 것 같았다.
즉 왕권을 가진 도시가 있는 층으로 오면 수레도 자연스럽게 그 아름다움이 더 아름답게 변하는 것으로 보였다.

나는 수레에서 내려서 주님께로 인도함을 받았다.
나는 주님을 보자마자 내 눈에 눈물이 가득 고였다.
주님은 나를 보자마자 어디로 데리고 가시느냐면 유리 바다로 데리고 가셨다.
거기서 하얀 보트에 타셨는데 나도 탔다.
그리고 거기서 이전에 사자 얼굴을 한 천사 송아지 얼굴을 한 천사 둘을 보았는데 나머지 둘을 못 보았던 것이 생각이 나면서 주님께서 그 둘을 보여주시려고 오신 것을 알았다. 그런데 나는 내 마음으로 거부하였다. 왜냐하면 나는 천국에 와서 무엇을 보고 하는 것보다 주님과만 있고 싶었기 때문이다. 나는 주님과 함께 홀로 있고 싶었다. 내가 그렇게 원해서 그런지 더 이상 그 네 생물은 보이지 않았고 유리 바다 위에 떠 있는 보트 안에서 나는 그냥 주님과 말없이 그렇게 앉아만 있었는데도 마음이 너무나 기쁘고 기뻤다. 그것은 환희 그 자체였다. 그 기쁨은 내 몸 전체를 채우고 들어오는 기쁨으로 그것은 내가 주님과 함께 있기 때문에 오는 기쁨이었던 것이다.
할렐루야.
나는 그렇게 주님과 함께 있는 것이 너무 행복했다. 나의 저 깊은 곳에서부터 올라오는 행복감이 느껴졌다. 할렐루야.
그리고서는 나는 내려왔다.

05 구약편 3권
2주전 돌아가신 김00 목사님을 천상에서 만나다.
(2019년 5월 20일)

아침에 한참을 기도하는데 주님의 임재하심이 느껴지면서 온몸에 힘이 쭉 빠져내려갔다. 그러자 나는 몸을 강대상에 등을 기대었다. 그때에 시온이가 옆에 나타나서 자신이 매고 있는 가방 안에서 얇은 동전같이 생긴 하얀 과자 같은 것을 내 입안에다가 핀셋으로 넣어주었다. 내가 그것을 먹는 순간에 주님께서 내 바로 이마 위로 나타나셨다.
그리고 나를 안고서는 곧장 천국으로 날아 올라가신 것이다.
즉 나를 운반하셨다.
나는 어느새 신부의 복장을 하고 하얀 드레스에 긴 머리를 하고 있었고 머리에는 다이아몬드 면류관을 쓰고 있었고 그리고 곧 이사야의 집 생명수 강가에 도착하였다.

그곳에는 이사야가 나와 있었다.

주님과 이사야는 인사를 나누었고 이사야는 나를 보더니 저 생명수 강에 들어가서 몸을 씻을 것을 마음으로 전달하고 있었다.

그래서 나는 생명수 강가로 들어갔다.

나는 너무 기뻤다. 주님을 만났다는 사실이 기뻤고 주님과 있을 수 있다는 사실이 기뻤다. 그러므로 생명수 강 안에서 춤추듯이 몸을 담구어서 씻었다.

그리고 나서는 주님께서는 나를 주님의 보좌 앞으로 인도하시기 위하여 주님의 보좌 앞으로 가기 전에 그곳에 도달한 계단 끝에다가 나를 운반하신 것이다.

그리고서는 주님은 보좌에 앉으시기 위하여 사라지셨고 나는 그 계단의 끝에서부터 걸어서 주님의 보좌 앞으로 가야 했는데 내가 주님의 보좌 쪽으로 걸어갈 때에 나의 양쪽으로는 흰옷 입은 흰 날개 달린 천사들이 쭉 서 있었다. 주님의 보좌 앞으로 가기 위하여 계단 끝에 내가 섰을 때에 분홍색 옷을 입은 여성처럼 생긴 두 천사가 나를 맞이하여 주었다. 그들은 그들의 두 날개도 분홍색이었다.

그리하여 나는 걸어서 주님 보좌 앞으로 갔다.

그리할 때에 양옆에 쭉 나열하여 서 있던 천사들이 뒤로 물러나면서 나에게 길을 더 넓혀주면서 비켜 주었다. 그들은 내가 너무 오랜만에 여기 올라온 것을 알고서 더욱 환영하여 주는 것이었다.

나는 드디어 주님의 보좌 앞에 이르러 즉시 엎드렸다.

그리고 나는 대야에 담긴 물로 주님의 구멍 뚫린 두 발을 씻어드렸다. 주님의 두 발의 구멍에서는 피가 나오려다 멈추었다.
그 이유는 내가 그 피를 보면 너무나 억장이 무너지듯이 슬퍼할 것을 아시고 주님께서 그 피가 나오게 하시다가 그만 그치게 하신 것이다. 나는 그렇게 주님의 두발을 씻겨드린 후 수건으로 그 두 발을 닦아 드렸다.
그리고서는 나는 그 보좌 앞에서 다시 가오리처럼 납작 엎드렸다. 왜냐하면 내가 주님의 그 구멍 뚫린 두 발을 보는 순간 내가 저 일 때문에 영원한 불못에서 구원을 받았다고 생각이 들 것이고 그리고 그러한 생각이 드는 순간 나는 그분 앞에 가오리처럼 납작 엎드려지게 될 것이 뻔하였기 때문이다.
주님께서는 이전에 나에게 왜 주님의 보좌 앞에서 주님의 두발을 씻어야 하는지를 말씀하여 주셨었다. 그것은 내가 그렇게 함으로써 내가 어떻게 구원을 받았는지를 기억하게 하시기 위함이라고 하셨던 것이다.

내가 그렇게 바짝 엎드려 있는데 주님께서 이렇게 말씀하셨다.
"사라야, 네 자리에 가서 앉으라"
주님 보좌 앞에는 내가 앉는 자리가 천사들 가운데 놓여 있었다.
주님의 보좌 왼편으로 천사들이 쭉 서 있는데 앞에서부터 세 천사가 지나고 난 다음 그 다음에 내가 앉는 작은 황금의자가 놓여 있었다. 나는 엎드려 있다가 일어나서 내 자리에 가서 앉았다.
'오늘은 무슨 일이 있으려고 주님께서 나보고 이 의자에 앉으라고 하실까?' 하는 의문이 생기면서 나는 내 자리에 가서 앉았다.

그러자 주님께서 말씀하셨다.
"누구를 불러줄까?"
즉 내가 누구를 보고싶냐고 물으시는 것이다.
나는 즉시
"오호~ 김00 목사님요."
이분은 최근 2주 정도 전에 돌아가신 여자 목사님이었다.
그것도 돌아가시기 6개월 전부터 우리 교회를 다니시다가 돌아가셨다.
즉 오늘 주님께서는 이 분을 보여주시려고 오늘 나를 주님의 보좌 앞으로 그리고 내 자리에 가서 앉게 하신 것이다.

이 여자 목사님과 나와의 인연은 길었다.
돌아가시기 20년 정도 전이었다. 어느 세미나가 진행되고 있는 교실에서 점심시간이 되어서 모두가 거실로 나가서 점심을 먹는데 한 쪽 구석에서 머리를 책상에 대고 앉아 있으면서 안 나가는 분이 한 분 계셨다. 누가 보아도 그녀는 아프신 분이라는 것을 금방 알 수 있었다. 나는 그분께 가서 왜 점심 드시러 안 나가시느냐고 물었더니 자신이 위암인데 위를 잘라내서 아파서 못 나간다 하였다. 그래서 나는 하나님께서 기도하여 주라는 감동이 와서 즉시 그분의 배 위에 손을 얹고 기도하여 드리겠다 하면서 기도를 시작했다.
그리하였더니 방언 통역으로 하나님께서 '딸아 너는 사명이 아직 다하지 않았다'라고 말씀을 하셔서 그대로 그분에게 전했다. 그런 후에 나는 점심을 먹으러 거실로 나왔다. 나중에 알고 보니 이분은 한국 타운에서 한국 고전 스타일의 찬양 율동가로 꽤 이름이 나있는 분이었다. 그럼에도 불구하고 나는 그분이 누구신지 전혀 모르는 상태에서 기도를 해드린 것이었다. 그런 후에 그분은 위암 3기로 위 2/3를 잘라냈다는 말을 들었다. 그러나 나는 하나님께서 그녀에게 사명이 다하지 않았다고 하셨으니 살려주실 것을 믿었다. 그리고 그분은 정말로 다시 살아나셨고 10년이 가도 15년이 가도 계속 치료를 받으시면서 한국 고전 찬양 율동가로 살아가신 것이다. 그런데 돌아가시기 약 1년 반 정도 전에 기도하는데 갑자기 하나님께서 그분을 우리 교회로 다니게 하라고 하시는 것이었다. 나는 하나님께 반문하였다. '하나님 그는 다른 교회에서 부목사님으로 잘 근무하시는데 갑자기 우리 교회로 오게 하시라니요?' 라고. 정말로 나는 그러고 싶지 않았다. 그런데 그 말씀이 예사롭지가 않아서 주님께 순종하여 그분에게 전화를 걸어서 '하나님께서 무슨 이유이신지는 모르나 저희 교회로 오시랍니다'라고 말씀드렸다. 나는 내가 아니라 '하나님께서 그렇게 하라고 하십니다'를 강조하였다. 그리고 나는 전화를 끊었다. 그분은 사실 다른 교회에 잘 다니시고 계신데 갑자기 하나님께서 우리 교회에 오시라고 한다고 하니 그도 좀 놀란 목소리였다. 그러나 그분은 움직이지 않았다. 아니 안 오신 것이다. 그런데 그렇게 전화를 드린지 약 1년이 지나서였다.

그분이 나에게 전화를 한 것이다. '목사님 제가 목사님 교회로 가야 할지 말아야 할지 하나님께 기도를 좀 부탁드려요.'라고 했다. 나는 그 전화를 받고서는 '아니 저번에 하나님께서 우리 교회로 오시라고 분명히 1년 전에 말씀드렸었는데요. 저는 한번 받은 것을 두 번 되풀이 하여 묻기를 원치 않아요.'라고 하면서 그냥 전화를 끊었었다. 그랬더니 얼마 안 있어서 이분이 실제로 우리 교회로 오신 것이다. 그렇게 오신 후에 그녀는 많이 울었다. 아니 하나님 앞에 많은 회개를 올려드렸다. 예배 시간마다 눈물과 콧물을 엄청 흘리면서. 그래서 휴지를 많이 갖다 드렸다.

그녀는 회개에 또 회개를... 그렇게 많이 했다.

그리고 그녀는 우리 교회로 온 후 열심히 성도들의 음식을 챙겼다. 새벽기도도 잘 맡아서 인도하였다. 그러나 그녀의 살아온 인생을 나는 간접적으로 들어서도 알게 되었지만 현재 그녀의 삶을 보아도 나는 내 생각이지만 그녀는 아마도 성안에는 들어가실 수 없어 보였다. 즉 그는 돌아가시면 아마도 성밖이 아닐까 하고 생각이 들었었다.

내가 비록 그녀가 눈물 콧물로 회개하는 것을 보았어도 말이다.

그녀의 과거의 삶을 보면...

그녀가 돌아가기 약 2개월 전에 내가 한국에 집회를 가게 되었다. 그 때에 그녀는 울먹이는 목소리로 내가 갔다 오면 자기는 여기 없을 수도 있다는 것을 말하면서 안타까워하였다. 즉 그녀는 곧 자신이 세상을 떠날 것을 인지하고 있었다.

그리고 나는 한국으로 집회를 갔다. 그리고 돌아왔다. 그런데 그녀는 아직도 병원에서 죽지 않고 살아 있었다. 그러나 그녀는 결국 얼마 안 되어서 병원에서 숨을 거두었다.

내가 한국집회를 다녀오고 난 약 20일 후에 돌아가신 것이다. 그리고 그렇게 돌아가신 후에 약 2주가 지난 후였다.

주님께서 나를 주님의 보좌로 인도하시고 나를 내 자리에 앉히시더니 '누구를 보고 싶으냐?' 하셔서 이 여자 목사님이 생각난 것이다.

그래서 '김OO 목사님을 보고 싶어요' 했더니 주님의 보좌 앞으로 인도하는 저 입구에서 젊고 앳띤 여성이 한 명 들어오는 것이 보였다. 2주 전에 돌아가신 그 찬양 율동 목사님의 젊은 시절의 모습이었다. 돌아가시기 직전에는 암 말기로 키가 줄어들고 외소하여 보였고 뼈밖에 남지 않았었는데 주님의 보좌로 들어오는 입구에서 나타난 여성은 23살 정도의 젊은 얼굴에 머리는 올림머리에 다이아몬드 면류관을 쓰고 흰 드레스를 입고 나타났는데 꼭 신부의 모습처럼 하고 나타났다. "와우~~~"

'그 찬양 율동 여자 목사님이 성안에 계시는구나'가 알아진 것이다. 그녀는 걸어와서 내 눈과 마주치고서는 말하기를 '사라'라고 즐거운 톤으로 내 이름을 부르고서는 주님의 오른편에 가서 서는 것이었다. 그리고서는 나에게 이렇게 마음으로 말하는 것이었다.

"주님이 내게 '너는 내 신부라'고 말했어요"라고.

'와~~~ 그렇구나'

그러고나서 나는 내가 보고 있는 이것이 참인 것을 알기 위하여 내가 혹 거짓을 보고 있지 않다는 것을 확인하기 위하여 주님보고 나는 다시 '내 육신의 아버지가 보고 싶습니다'라고 말씀드린 것이다. 그리하였더니 내 육신의 아버지가 아래위로 흰옷을 입고 나타나셔서 예수님의 오른편에 선 김OO 여자 목사님 옆에 가서 서시는 것이 보였다.

'와우~~~ 정말이구나!'

우리 아버지도 젊었고 김OO 목사님도 젊어 보였다.

아하 그래서 이제야 나는 왜 주님께서 오늘 나를 보좌 앞으로 불러서 의자에 앉히셨는지를 알게 되었다. 내가 김OO 목사님이 정말 과연 천국 안에 성안에 들어가셨는지 궁금해하고 있었는데 오늘 그것을 보여주신 것이었다.
할렐루야. 주님 감사합니다.
그래서 나는 정말 계시록 22장 14절 말씀이 맞다는 것이 알아졌다.

[계 22:14]

그 두루마기를 빠는 자들은 복이 있으니 이는 저희가 생명 나무에 나아가며 문들을 통하여 성에 들어갈 권세를 얻으려 함이로다

하나님께서 김00 목사님과 나와의 인연을 20년 전부터 만드셔서 결국은 돌아가시기 6개월 전에 우리 교회로 부르셔서 철저히 그 인생을 회개시키셔서 천국 성안으로 신부로 들어가게 하신 것은 결코 우연이 아닌 것이다.

성경에는 시편 139편 16절에는 이런 말씀이 있다.

[시 139:16]

16 내 형질이 이루기 전에 주의 눈이 보셨으며 나를 위하여 정한 날이 하나도 되기 전에 주의 책에 다 기록이 되었나이다

주여~~
우리의 인생은 우리가 이 세상에 태어나서 한 날도 되기 전에 주님의 책에 우리의 인생이 다 기록이 되어 있다는 말씀으로부터 보면 그 여자 목사님과 나와의 만남은 창세 이전부터 하나님께서 이미

계획하셨다는 것을 우리는 알 수 있는 것이다.
할렐루야. 아멘!!

06 구약편 3권
천국에서 에스더를 만나다.
(2019년 6월 1일)

아침에 기도한 후에 천국에 올라가게 되었다.
나를 데리러 오는 말이 열 한 마리였고 최근에 '지도'라는 검정말이 하나 더 늘었다. 이 검정말은 한국집회 다녀온 후에 주님께서 주신 상중의 하나였다. 이 검정말의 머리는 하얀 털이었는데 참으로 색깔의 조화가 멋있어 보였다.
그리고 수레 안에서 나를 수종하는 천사가 한 명이 더 늘어서 이제는 세 명이 되었다.
8-9피트 되는 남성 천사처럼 보이는 키 큰 천사와 보통 키의 남성 천사 이들은 다 흰 옷을 입은 흰 날개가 있는 천사들이었고 그리고 여성 천사처럼 보이는 천사가 한 명 더 늘었는데 이도 내가 한국집회 다녀온 후의 상이었던 것이다. 이 여성 천사처럼 보이는 천사는 살색과 분홍색이 함께 어우러진 아름다운 옷과 또 같은 색깔의 날개를 가졌고 얼굴은 반짝반짝 빛이 나는 것같이 귀여운 여성스런 얼굴을 한 천사였다. 그리고 키는 보통 사람의 키만 하였다.

이 여성 천사가 수레 안에서 흰 옷입은 두 천사 사이에 서서 내가 앞으로 펴내야 할 구약에 대한 책(이 책은 수레 안에 중앙에 테이블 위에 놓여 있다.)을 접시 같은 곳에 담아서 내게 주는 것이었다.

나는 그것을 받아 수레 안의 내 자리로 돌아와 앉았다. 그리고 내 앞에는 투명한 보석 그릇 안에 과자가 하나 놓여 있었는데 나는 그것을 입 안에 넣었다. 그것은 눈깔사탕만 한 크기였는데 입안에서는 부드러웠다. 그러자 수레 바깥에 있는 천사가 '이제 올라갑니다' 하고 수레를 출발시켰다. 수레는 즉시 공중으로 붕 떠서 올라가더니 연못가의 공중에 머물렀다.

연못가의 공중에 떠 있는 수레에서 내가 내리니 나를 수레 바깥에서 손을 잡고 주님께로 인도하는 두 천사가 와서 나를 주님께로 인도하였다. 이들은 분홍색의 옷과 날개를 가진 두 여성처럼 생긴 천사들이었다.

주님은 저 아래에서 나를 바라보고 계셨다. 너무나 인자하신 모습이다. 오늘 주님의 머리는 하얗고 그리고 흰옷을 입고 계셨다. 나는 주님께로 인도함을 받았고 그리고 그분의 구멍 뚫린 두 발 앞에서 엎드렸다. 주님께서는 나에게 '일어서라' 하시고 나를 생명수로 발과 손과 얼굴을 씻어주셨다. 그런 후에 천사들이 와서 항아리에 생명수를 담아와서 내 머리 위로 부었다. 그리하였더니 내 온 전체 몸이 생명수로 씻겨 내려갔고 생명수로 젖었던 옷은 금방 말랐다.

그리고 나니 주님께서 나에게 말씀하셨다.
'벤치 옆에 꽃신이 있지 아니하냐?'고 말이다.

이 말씀은 내가 그 꽃신을 신고 연못 위로 걸어 들어가서 터널 안으로 들어가라는 뜻이었다. 그래서 나는 꽃신을 신고 연못 위로 걸어 들어가 중앙에 있는 오른편 터널로 들어갔다. 그리하였더니 그 터널의 물은 나를 에스더 궁 안의 정원 즉 현관문 앞에 상아 색깔의 꽃이 만발한 정원으로 나를 데려다 주었다.

에스더가 사는 궁은 살색의 큰 바위들로 구성된 높은 궁으로 보였고 궁 바깥벽에는 식물들이 벽을 타고 올라가면서 자라 있었는데 그것은 참으로 아름다워 보였다.

'와우~~~, 아름답다!'

그 벽 앞쪽으로는 상아 색깔의 꽃들이 수국 같은 꽃 모양으로 만발하고 있었다.

에스더가 마중나와 있었고 그녀는 정말 아름다운 왕비의 모습을 하고 있었다.

그리고 그녀는 금홀을 손에 쥐고 있었다.

'와우~~, 아름답다.'

그녀의 머리는 검정색이었고 옷은 정말 아기자기한 보석으로 아름답게 장식되어 있었다. 전체적인 색깔과 모습은 노랗고 황토색으로 장식된 것 같았다.

그러나 다 보석이고 아름답게 정말 아름답게 왕비처럼 꾸민 모습이었다. 내 입에서 '와우~~' 감탄사가 흘러나왔다.

나는 그녀와 함께 궁 안으로 들어갔다.

에스더의 궁은 너무나 넓었고 그 궁의 높이는 너무나 높아서 보이지를 않았다.

'와우~~~'
그리고 궁 안의 벽도 황토색의 큰 바위로 구성된 것 같았는데 그러나 자세히 보면 사실은 천국의 모든 것은 그 나름대로의 보석들인 것이 틀림이 없다.

계시록에 보면 하늘에서 내려오는 거룩한 성 예루살렘 성이 여러 보석들로 되어 있는 이름이 나온다.

[계 21:10, 19-21]

10 성령으로 나를 데리고 크고 높은 산으로 올라가 하나님께로부터 하늘에서 내려오는 거룩한 성 예루살렘을 보이니

19 그 성의 성곽의 기초석은 각색 보석으로 꾸몄는데 첫째 기초석은 벽옥이요 둘째는 남보석이요 세째는 옥수요 네째는 녹보석이요 20 다섯째는 홍마노요 여섯째는 홍보석이요 일곱째는 황옥이요 여덟째는 녹옥이요 아홉째는 담황옥이요 열째는 비취옥이요 열 한째는 청옥이요 열 둘째는 자정이라 21 그 열 두 문은 열 두 진주니 문마다 한 진주요 성의 길은 맑은 유리 같은 정금이더라

나는 그 중의 어느 것인지는 모르나 분명히 바위로 보이는 보석들이었다.
그런데 그 궁 안으로 들어서니 하얀 옷을 입으신 주님이 먼저 와 계셨다. 주님이 앉으시고 그 옆쪽으로 에스더가 앉고 그리고 거의 맞은편으로 내가 앉았다.
그때에 에스더가 말했다.
'내가 죽으면 죽으리라' 하는 말은 내가 가진 가장 귀한 보석이었습

니다'라고 하는 것이었다. 그것은 에스더가 죽으면 죽으리라 라고 말하게 된 것이 주님께서 그 당시에 에스더에게 주신 말씀이라는 것이었다. 즉 주님께서 에스더에게 그렇게 하라고 시키셨다는 것이다. '와우, 할렐루야.'

[에 4:6-17]

6 하닥이 대궐 문 앞 성중 광장에 있는 모르드개에게 이르니 7 모르드개가 자기의 당한 모든 일과 하만이 유다인을 멸하려고 왕의 부고에 바치기로 한 은의 정확한 수효를 하닥에게 말하고 8 또 유다인을 진멸하라고 수산궁에서 내린 조서 초본을 하닥에게 주어 에스더에게 뵈어 알게 하고 또 저에게 부탁하여 왕에게 나아가서 그 앞에서 자기의 민족을 위하여 간절히 구하라 하니 9 하닥이 돌아와 모르드개의 말을 에스더에게 고하매 10 에스더가 하닥에게 이르되 너는 모르드개에게 고하기를 11 왕의 신복과 왕의 각 도 백성이 다 알거니와 무론 남녀하고 부름을 받지 아니하고 안뜰에 들어가서 왕에게 나아가면 오직 죽이는 법이요 왕이 그 자에게 금홀을 내어 밀어야 살 것이라 이제 내가 부름을 입어 왕에게 나아가지 못한지가 이미 삼십일이라 하라 12 그가 에스더의 말로 모르드개에게 고하매 13 모르드개가 그를 시켜 에스더에게 회답하되 너는 왕궁에 있으니 모든 유다인 중에 홀로 면하리라 생각지 말라 14 이 때에 네가 만일 잠잠하여 말이 없으면 유다인은 다른 데로 말미암아 놓임과 구원을 얻으려니와 너와 네 아비 집은 멸망하리라 네가 왕후의 위를 얻은 것이 이 때를 위함이 아닌지 누가 아느냐 15 에스더가 명하여 모르드개에게 회답하되 16 당신은 가서 수산에 있는 유다인을 다 모으고 나를 위하여 금식하되 밤낮 삼일을 먹지도 말고 마시지도 마소서 나도 나의 시녀로 더불어 이렇게 금식한 후에 규례를 어기고 왕에게 나아가리니 죽으면 죽으리이다 17 모르드개가 가서 에스더의 명한 대로 다 행하니라

나는 에스더가 한 말인 줄 알았는데 그때에 주님께서 그의 입에 넣어준 말이라는 것이다. 할렐루야. 할렐루야.

그러면서 에스더는 '그 말을 그 어느 누구에게도 빼앗기지 않으리라'하고 마음먹었다는 것이다. '와우, 할렐루야.'
이때에 나는 '너희가 환란을 당하거든 담대하라 내가 세상을 이기었노라'하는 성경구절이 생각이 났다.

[요 16:33]
이것을 너희에게 이름은 너희로 내 안에서 평안을 누리게 하려 함이라 세상에서는 너희가 환난을 당하나 담대하라 내가 세상을 이기었노라 하시니라

또 어떤 성경 구절이 생각이 났느냐면

[마 10:19]
너희를 넘겨 줄 때에 어떻게 또는 무엇을 말할까 염려하지 말라 그 때에 너희에게 할 말을 주시리니

하나님께서 환란 속에 있는 에스더에게 그 말을 입에 넣어주셨다는 것이다.
할렐루야. 할렐루야.

하나님께서는 못하시는 것이 없으시고 우리 인간에게도 때에 맞게

할 말을 생각나게 하시기도 하고 또한 때에 맞게 그렇게 담대함을
주시기도 하신다.
할렐루야.

즉 우리가 포도나무이신 예수님에게 가지로서 잘 붙어 있기만 하면
그때그때에 예수님이신 포도나무로부터 진액을 공급받는 가지가
되어서 포도나무로부터 예수님으로부터 그때그때 무엇을 말해야
할지도 알게 된다는 것이다.
할렐루야.

그래서 주님께서
'나는 포도나무요 너희는 가지니 너희는 나 없이는 아무것도 할 수
없느니라'하시는 말씀이 맞는 것이다.

[요 15:1-5]

1 내가 참 포도나무요 내 아버지는 그 농부라 2 무릇 내게 있어 과실을 맺
지 아니하는 가지는 아버지께서 이를 제해 버리시고 무릇 과실을 맺는 가
지는 더 과실을 맺게 하려하여 이를 깨끗케 하시느니라 3 너희는 내가 일
러 준 말로 이미 깨끗하였으니 4 내 안에 거하라 나도 너희 안에 거하리라
가지가 포도나무에 붙어 있지 아니하면 절로 과실을 맺을 수 없음 같이 너
희도 내 안에 있지 아니하면 그러하리라 5 나는 포도나무요 너희는 가지
니 저가 내 안에, 내가 저 안에 있으면 이 사람은 과실을 많이 맺나니 나를
떠나서는 너희가 아무것도 할 수 없음이라

할렐루야.

이후로 이 성경을 읽는 모든 자는 즉 에스더의 말 '죽으면 죽으리라' 하는 이 말이 그 이후에 하나님의 사람들에게 즉 크리스천들에게 신앙적으로 얼마나 도움이 되었는지 모른다. 주를 위하여 살고자 하는 모든 자들은 '죽으면 죽으리라' 하고 하나님 앞에서 믿음을 드리게 되었던 것이다. 할렐루야. 이 말을 자신의 믿음에 적용한 많은 크리스천들은 자신들의 믿음이 그 말 때문에 더 확고하여지는 것을 알게 되었고 또한 정말 죽음의 순간이 온다 할지라도 자신이 뱉은 '죽으면 죽으리라' 한 그 각오 때문에 그들은 과감하게 그 죽음의 순간을 맞이할 수 있었던 것이다.

수많은 크리스천들에게 용기를 주었던 에스더의 이 말씀이 바로 주님으로부터 왔다는 것이었다. 할렐루야.

에스더는 그의 삶을 통하여 우리에게 이렇게 말하고 있다.
'죽으면 죽으리라 하라!'
할렐루야.
물론 그 말씀은 주님으로부터 온 것이지만.

이 말씀은 우리가 꼭 명심하여야 할 말이다.
우리의 마음이 흔들릴 때마다
우리에게 세상적인 두려움이 밀려 올 때마다
또한 우리가 믿음을 지켜 내야 할 때마다
우리에게 핍박이 올 때마다
우리는 이 말씀으로 이겨내야 한다.

얼마나 우리에게 힘이 되는 말씀인지…
아니 얼마나 우리에게 맞는 말인지.

주님이 우리를 위하여 죽어주셨으니 우리도 마땅히 그분을 위하여 '죽으면 죽으리라'하고 목숨을 내어 놓는 것이 마땅한 것이다. 할렐루야.

[막 8:35]
누구든지 제 목숨을 구원코자 하면 잃을 것이요 누구든지 나와 복음을 위하여 제 목숨을 잃으면 구원하리라

나 스스로도 이 에스더가 한 '죽으면 죽으리라'고 한 이 말씀 때문에 나에게 어떠한 결단이 필요할 때에 주님께서 나에게 믿음을 요구하실 때에 나는 '죽으면 죽으리라' 이 말씀으로 이겨낼 수 있었음을 고백한다.

나는 오늘 이 말씀이 즉 에스더가 한 말, '죽으면 죽으리라' 한 이 말이 주님으로부터 주어진 말씀이라는 것을 오늘 천상에서 에스더를 만나 처음 알게 된 것이다.
할렐루야.
그리고 우리는 이 땅 위에서부터 영생을 사는 존재들이라는 사실을 우리는 알아야 할 것이다. 죽음을 두려워하지 말고…

07 구약편 3권
성부 하나님과 성자 하나님께서 내가 구약에 대한 책을 쓰는 것을 매우 기뻐하여 주시다.
(2019년 6월 3일)

아침에 2시간 반을 기도한 후에 천국에 올라가게 되었다.
나를 수레 바깥에서 수호하는 천사가 나를 보고 이렇게 말했다.
'주인님 어서 오세요. 모든 것이 준비되어 있습니다'라고 했다.
나는 이런 말을 들으면 기분이 좋았다. 왜냐하면 분명히 천국에서 좋은 일이 준비되어 있을 것이니까 말이다. '그런데 도대체 무슨 일이 준비되어 있다는 말인가?'

열한 마리의 말들이 나를 데리러 왔고 내가 수레에 올라타니 맨 먼저 키가 큰 천사 8-9피트 되는 천사가 청색의 60cm 정도되는 긴 나팔을 입에 대고 불고 있었고 또 가운데 여성 천사처럼 생긴 보통 키의 천사가 노란색의 긴 나팔을 입에 대고 불고 있었고 그리고 사람 키만 한 다른 남성처럼 보이는 천사가 그 다음에 붉은 색의 긴 나팔을 불고 있었다. (그러니까 청색-노란색-붉은색 나팔들을 불고 있었다.)
'와~~~'
'천국에서 무슨 일이 있으려고 이들이 나팔을 불고 있나?' 하는 생각이 들어왔다.
분명 좋은 일이 있을 것임에 틀림이 없어 보였다.

나는 내가 앉는 자리에 와서 앉았는데 주님을 빨리 만나고 싶은 마음에 내 앞에 놓여있는 그릇 안에 내가 먹을 것이 담겨 있었는데도 그곳에 눈길도 가지 않았다.
나는 그냥 온통 주님 만날 생각밖에 없었다.

그러자 수레가 즉시 위로 올라가서 연못가의 공중에 도달하였고 그런데 오늘은 수레가 공중이 아니라 연못가의 바닥에 닿았다.
'와우, 오늘은 바닥까지 내려왔네'
그런데 나를 태운 수레가 갑자기 수국꽃과 같은 큰 무늬의 꽃무늬 모양으로 장식된 수레로 변하는 것이었다.
'와우~~~ 이쁘다!'
나는 수레에서 내려서 주님께로 인도함을 받았는데 주님은 나를 '내 딸아' 하고 맞아주셨다. 수레에서 내리는 나는 오늘따라 청색의 이쁜 드레스를 입고 있었다. 그리고 머리는 올린 머리 비슷하게 하고 있었고 청색의 다이아몬드 면류관을 쓰고 있었다.
'오 오늘은 긴 머리가 아니네'
그리고서는 주님께로 분홍색 옷 입은 두 천사들에 의하여 인도되었다. 주님은 '내 딸아' 하고 나를 안아주셨다.

그리고서는 주님께서는 내 손을 잡으시고 갈 데가 있다고 하시면서 날기 시작하셨다. 그리고서는 나를 어디로 데리고 가셨는가 하면 바로 성부 하나님이 계신 곳으로 나를 데리고 가셨다. '어머나, 정말 오랜만에 오는 곳이다.'
주님과 나는 늘 서는 그 곳(성부 하나님께서 계시는 보좌에서 약

100m 떨어진 곳)에 섰다. 그리고 내 앞쪽으로 왼쪽 앞으로는 작은 둥근 하얀 테이블이 놓여 있었고 거기에는 녹색 표지의 그리고 가장자리에 황금색 테두리를 한 두꺼운 구약 책이 놓여 있었다.
'와우~~, 이전에도 저곳에 계시록 이해 책이 놓여 있었는데 이제는 구약 책이 놓여 있네...'
그것이 나에게 주는 메시지는 내가 꼭 그 책 구약 책(여기서 말하는 구약 책이라는 것은 내가 성경의 구약을 읽으면서 성경에서의 궁금한 점들을 천국에서 믿음의 선진들을 만나서 물어보아서 그 궁금한 것들을 풀어서 쓴다는 의미이다. 내가 새로 구약을 쓴다는 의미가 아닌 것이다.)을 써야 한다는 것이다.

그러자 저 앞에서 성부 하나님의 음성이 들렸다.
"사라야. 나는 네가 좋아."
'와우~~~'
이전에는 성부 하나님께서 나에게 '사라야 나는 네가 좋다'라고 크게 말씀하셨었는데 오늘은 '사라야 나는 네가 좋아'라고 말씀하시는 것이었다. 나는 이 말을 듣는 순간에 '아하~, 성부 하나님께서는 내가 꼭 구약 책을 쓰기를 원하시는구나'가 그냥 알아지는 것이었다. 그리고 나서 나는 내 오른편에 서 계신 주님께 물었다.
'주님 이제 제가 어떻게 해야 해요?'라고 물었더니 주님께서는 그 조그만 하얀 테이블 위에 있는 그 구약 책(일명 내가 써야 할 구약에 대한 책)을 집어 들라고 하셨다. 그래서 나는 그 책을 집어서 가슴에 안았다.
그러자 주님은 내 손을 잡으시고 큰 스타디움 같은 곳으로 가셔서 내 손을 잡으시고 춤을 추시는 것이었다. 이 춤은 꼭 피겨스케이팅을 하는 것 같이 큰 얼음으로 된 스타디움 같은 곳에서 주님께서 내 손을 잡으시고 그 큰 스타디움 가장자리로 계속 도는 것과 같은 춤을 나와 함께 추시는 것이었다.

'와우…' 너무나 황홀한 순간이었다!
'아아아아~~~ 이 순간이 영원히 끝나지 말았으면…'

즉 주님은 내가 이 구약에 대한 책을 쓴다는 것을 이렇게 기뻐하신다는 것이었다.

나는 그렇게 한참을 주님과 함께 춤을 추다가 내려오게 되었다.
할렐루야.

내가 천국에 올라갈 때에 수레 안에서 나를 맞이하는 세 천사가 각각 청색의 긴 나팔 노란색의 긴 나팔 그리고 붉은색의 긴 나팔을 가지고 나팔을 불면서 기뻐하여 주었던 것은 바로 이렇게 성부 하나님과 성자 하나님께서 내가 구약에 대한 책을 쓰게 된 것을 너무 기뻐하여 주실 것을 미리 나에게 표현한 것으로 보인다.
할렐루야.

주님을 찬양합니다.

08 구약편 3권
천상에서 모르드개를 만나다.
(2019년 6월 4일)

아침에 기도한 후에 천국에 올라갔다.
나를 데리러 열한 마리의 말이 왔고 오늘따라 수레는 앞쪽 벽이 샛노란색 그러나 수레의 지붕과 전체색깔은 흰 옥색의 조금 높고 큰 수레였다. 내가 수레를 모는 천사를 바라보면서 수레 안을 탔는데 수레 안에서는 맨 먼저 키 큰 천사가 두 손을 모으고 나를 보고 '주인님 어서 오세요'라고 한다.
그리고 중간에 여성 천사처럼 생긴 천사가 주황색 빛이 나는 옷을 입고 이 천사는 얼굴도 그러한 빛이 났다. 그리고 귀여웠다. 그 천사는 나에게 황금 접시에 구약 책을 담아서 들고 있었는데 그 책은 내가 앞으로 쓸 책으로 껍질이 고급으로 보이는 쑥색에다가 얇은 황금 테두리가 있는 구약에 대한 책이었다. 그것을 내게 건네주었다.
나는 접시에서 책을 집어 들어서 내 가슴에 안았다.
그리고 세 번째로 나란히 서 있는 그 남성 천사처럼 보이는 천사도 나를 반가이 맞았다.
나는 내가 앞으로 써야 할 구약에 대한 책을 가지고 내 자리에 와서 앉았다. 내 앞에는 투명한 보석 그릇에 미국 고구마 같이 생긴 것이 말린 것 같은 주황색 과일이 하나 담겨져 있었다. 나는 얼른 그것을 입에 넣었다. 그리하였더니 수레 바깥에서 나를 인도하는 천사가 수레 안을 다 들여다보고 있는 것처럼 알고서는 '이제 올라갑니다.'

하고 열한 마리가 끄는 수레가 위로 올라갔다.

내가 탄 수레는 늘 가는 연못가의 공중에서 멈추었는데 그러나 오늘은 특별하게 수레입구에서 연못가의 바닥까지 내려가는 황금 계단이 즉시 생겼다.

'와우~~'

오늘은 특별한 날이네…

무슨 날이지?

하면서 나는 기뻐하였다.

그리고 나를 수레 바깥에서 주님께로 인도하는 분홍색 옷을 입은 두 날개 달린 두 천사들이 수레에서 내리는 나를 각각 손을 잡고 주님께로 인도하였다.

우리가 내려간 그 황금 계단은 약 50계단 내지는 60계단 정도로 보였다.

주님 앞으로 인도된 나는 무조건 주님 앞에 엎드렸다. 그리고 나는 무조건 빌었다.

"주님, 제가 잘못한 것 다 용서하여 주세요."

사실 나는 무엇을 잘못했는지도 잘 모르지만 그냥 주님 앞에서는 내가 무한한 죄인으로만 느껴졌기 때문이다. 그렇게 밖에 할 수 없는 것이었다.

그러자 주님께서는 천사보고 '가져 오너라' 하셨다.

그랬더니 천사가 곧 생명수를 담은 항아리를 가져왔고 주님께서는 그 항아리를 내 머리 위로 부으셔서 나의 온몸을 생명수로 깨끗이 씻기셨다. 그런 후 나는 일어섰는데 주님께서는 또 다른 큰 황금 항아리를 내게 하나 주셨다. 매우 아름다운 항아리였다. 나는 그것을 주님으로부터 받았는데 이 항아리에 든 것이 무엇인지 나는 모르나 내가 그것을 언제든지 마셔도 된다는 것이었다.

나는 이것이 생명수라기보다 나에게 힘을 주기 위한 다른 어떤 것이 들어있다는 것이 알아졌다. 할렐루야.

그런 후에 주님께서는 내가 꽃신을 신고 연못 위로 걸어 들어가기를 원하셨다. 나는 얼른 꽃신을 신었다. 오늘따라 내가 신은 꽃신은 푸른 빛이 나는 무늬가 있는 꽃신이었다.

나는 그 꽃신을 신고 연못 위의 터널로 걸어 들어갔다. 그러자 그 터널 안의 물은 나를 어느새 에스더의 현관문 앞에다가 데려다 놓았다. 에스더는 언뜻 보아도 여왕 같은 옷을 입고 있었다.

에스더는 키도 늘씬하였다. 에스더와 나는 궁 안으로 들어갔다.

거기에는 주님이 먼저 오셔서 테이블에 앉아 계셨다. 테이블은 타원형이었다.

나는 주님께 '주님, 오늘은 모르드개를 보고싶어요.'라고 하였더니 그러자 모르드개가 나타났다. 그는 젊은 청년으로 키는 보통보다 약간 큰 키였고 약간 마른 형이었다. 얼굴은 약간 길게 모난 얼굴처럼(전체적으로 얼굴이 납작하면서 길게 원통 모양으로 생긴 것 같은) 생겼고 머리는 까만 머리에 약간 곱슬로서 머리에 딱 붙은 머리를 하고 있었다. 그리고 눈은 쌍꺼풀이 없는 작은 눈으로 얼른 보아서는 그냥 선량한 청년으로 보이는 모습이었다.

"와우, 모르드개님이 나타났네!"

나는 너무나 기뻤다.

모르드개는 나타나서 주님의 오른편에 앉았다. 주님의 왼편에는 에스더가 앉아 있고 나는 주님의 맞은편에 앉아 있었다.

(1) 나는 모르드개에게 질문하였다.
어떻게 그렇게 하만이 지나갈 때 모든 다른 사람들은 무릎을 꿇고 절을 하는데 절도 안하고 어떻게 그렇게 꿈쩍도 아니할 수 있었느냐고 물었다.
그리하였더니 모르드개가 이렇게 말했다.

"나는 살아계신 하나님을 믿었어요."

아멘 아멘 아멘!!! 정말 아멘이었다.
모르드개로부터 이러한 대답을 듣는 순간 나는 사람을 무서워하지 않았다고 했던 다니엘이 생각났다. 할렐루야.

'오호라 우리 믿음의 선진들은 이렇게 동일하게 어떤 죽음과 권력 앞에서도 하나님을 믿는 믿음을 결코 포기하지 아니하였었구나'가 알아졌다. 즉 다니엘도 자신이 사자굴에 던져질 것을 알면서도 하나님을 믿는 믿음으로 기도를 계속하였던 것이다.

(2) 그러면서 모르드개는 내게 이렇게 알게 하여 주었다.
즉 자신이 하만이 조서를 꾸미며서 왕의 인까지 받아 발표한 내용이 자신뿐 아니라 그 나라에 흩어져 사는 모든 유대인들을 다 죽일 것이라는 것을 발표한 것을 알고서는 옷을 찢고 재를 뿌리고 통곡할 때에 그가 다음과 같은 하나님의 음성을 들었다는 것이다.

"내가 너와 너의 민족을 구하여 주리라"

할렐루야.

[에 3:12-15]

12 정월 십 삼일에 왕의 서기관이 소집되어 하만의 명을 따라 왕의 대신과 각 도 방백과 각 민족의 관원에게 아하수에로 왕의 이름으로 조서를 쓰되 곧 각 도의 문자와 각 민족의 방언대로 쓰고 왕의 반지로 인치니라 13 이에 그 조서를 역졸에게 부쳐 왕의 각 도에 보내니 십이월 곧 아달월 십 삼일 하루 동안에 모든 유다인을 노소나 어린 아이나 부녀를 무론하고 죽이고 도륙하고 진멸하고 또 그 재산을 탈취하라 하였고 14 이 명령을 각 도에 전하기 위하여 조서의 초본을 모든 민족에게 선포하여 그 날을 위하여 준비하게 하라 하였더라 15 역졸이 왕의 명을 받들어 급히 나가매 그 조서가 도성 수산에도 반포되니 왕은 하만과 함께 앉아 마시되 수산성은 어지럽더라

[에 4:1-2]

1 모르드개가 이 모든 일을 알고 그 옷을 찢고 굵은 베를 입으며 재를 무릅쓰고 성 중에 나가서 대성 통곡하며 2 대궐 문 앞까지 이르렀으니 굵은 베를 입은 자는 대궐 문에 들어가지 못함이라

그렇다. 우리가 주님께 울부짖고 기도하면 하나님께서는 우리에게 음성을 들려주신다.

그러면서 모르드개가 울부짖으며 기도하는데 하나님께서는 모르드개에게 '왕후가 된 에스더보고 왕에게 가서 자기 민족을 위하여 구하라라고 하라'고 하는 하나님으로부터 오는 감동을 받았다는 것이다. 그래서 그는 하나님께서 왕후 에스더를 통하여 그와 그의 민족을 구하여 내시고자 하는 것을 알았다는 것이다. 할렐루야.

그래서 그는 에스더에게 그 말을 전했다.
'너는 왕에게 나아가서 너와 너의 민족의 목숨을 구하기 위하여 구하라'
그랬더니 처음에는 에스더는 '못하겠다'고 했다.
왜냐하면 자신이 왕에게 못 나간지 30일이 지났고 어느 누구라도 왕이 부르지 아니하였는데 나아가면 왕이 금홀을 내밀지 않는 이상 죽음을 당한다는 것을 누구나 잘 알고 있는 사실이라 그것을 모르드개에게 전하면서 자신이 못나갈 것을 전했던 것이다.
그러자 모르드개는 에스더가 보낸 신하에게 가서 이렇게 전하라고 했다.
'네가 왕후가 된 것이 이때를 위함인지 어떻게 아느냐?
네가 네 민족을 위하여 구하지 아니하면 너와 네 집은 망하겠으나 하나님은 다른 방법으로 우리 민족을 구하여 내실 것이다 라고 전하라'고 한 것이다.
오~ 할렐루야. 이제야 모든 것이 다 이해가 갔다.
즉 모르드개가 하나님 앞에서 민족을 위하여 통곡하며 기도할 때 하나님께서 하신 말씀, '내가 반드시 너와 네 민족을 구하여 내리라'고 하신 말씀을 그는 붙든 것이다.

그래서 그는 에스더에게 그렇게 확실하게 말한 것이다.
'네가 이때에 가만 있으면 너와 네 집은 망할 것이나 하나님께서는 다른 방법을 써서라도 우리 민족을 구하여 내실 것이라고 말한 것이다.'
'와우~~~'
얼마나 맞아 떨어지는 이야기인가?
모르드개에게 그렇게 확신을 주신 하나님, 우리가 믿는 하나님은 참으로 멋있는 하나님이신 것이다. 할렐루야.

그래서 하나님께 말씀을 받은 모르드개는 하만에 의하여 아달월(12월)에 13일날 모든 유다인들이 죽임을 당할 것이라고 조서가 발표되어도 그는 하만이 지나갈 때 꿈쩍도 아니하고 절하지도 아니하고 앉아 있었던 것이다. 왜냐하면 그는 하나님만을 신뢰하였기 때문이었다.

'와우~~'

그의 행동은 오늘 모르드개가 내게 한 말
'나는 살아계신 하나님을 믿었어요' 하는 말과 일치하고 있었다.
할렐루야.
그래서 하나님으로부터 그 말씀을 들은 이후에도 그는 하만이 지나가도 그에게 절하거나 하지 않았고 또한 앉은 자리에서 꿈쩍도 아니하였다는 것이다.
할렐루야.

성경은 우리에게 이렇게 말한다.
'너희가 전심으로 나를 찾고 찾으면 만나리라.'
우리가 하나님께 기도하고 부르짖을 때에 하나님은 우리를 만나주시는 하나님이신 것이다. 할렐루야.

(3) 그리고 모르드개가 또 나에게 알게 하여 주는 사실은
모르드개를 나무에 달려고 세운 그 나무에 하만 자신이 달려 죽게 되었고 그다음 에스더가 다시 왕에게 구하여 유다인을 모두 죽이라는 조서를 취하하여 달라고 구하였을 때에 왕은 그 조서를 취하할 뿐 아니라 너희가 그 조서를 고치고 싶은 대로 고치라고 하였을 때에 모르드개는 하나님께서 그에게 다음과 같은 감동을 주었다는 것이다.
즉 그 조서를 거꾸로 꾸며서 아달월 13일에 온 유다인들을 죽이는 것이 아니라 오히려 유다인들을 미워하는 자들과 대적하는 자들을 죽이라고 그 조서를 꾸미라고 그러한 감동을 하나님으로부터 받았다는 것이다. 그래서 오히려 그날에 유다인들이 죽은 것이 아니라 유다인들을 대적하는 모든 자들이 죽게 된 것이다.
'와우~~'
반전도 이런 반전이 없다.
하나님을 의지하는 자에게는 이러한 대반전이 일어난다.
정말로 전쟁은 우리 하나님께 속하여 있는 것이다.

다윗이 골리앗 앞에서 다음과 같이 말한 것을 기억한다.

[삼상 17:47]

또 여호와의 구원하심이 칼과 창에 있지 아니함을 이 무리로 알게 하리라 전쟁은 여호와께 속한 것인즉 그가 너희를 우리 손에 붙이시리라

할렐루야.

[에 8:3-17]

3 에스더가 다시 왕의 앞에서 말씀하며 왕의 발아래 엎드려 아각 사람 하만이 유다인을 해하려 한 악한 꾀를 제하기를 울며 구하니 4 왕이 에스더를 향하여 금홀을 내어미는지라 에스더가 일어나 왕의 앞에 서서 5 가로되 왕이 만일 즐겨하시며 내가 왕의 목전에 은혜를 입었고 또 왕이 이 일을 선히 여기시며 나를 기쁘게 보실진대 조서를 내리사 아각 사람 함므다다의 아들 하만이 왕의 각 도에 있는 유다인을 멸하려고 꾀하고 쓴 조서를 취소하소서 6 내가 어찌 내 민족의 화 당함을 참아 보며 내 친척의 멸망함을 참아 보리이까 7 아하수에로 왕이 왕후 에스더와 유다인 모르드개에게 이르되 하만이 유다인을 살해하려 하므로 나무에 달렸고 내가 그 집으로 에스더에게 주었으니 8 너희는 왕의 명의로 유다인에게 조서를 뜻대로 쓰고 왕의 반지로 인을 칠지어다 왕의 이름을 쓰고 왕의 반지로 인친 조서는 누구든지 취소할 수 없음이니라 9 그때 시완월 곧 삼월 이십 삼일에 왕의 서기관이 소집되고 무릇 모르드개의 시키는 대로 조서를 써서 인도로부터 구스까지의 일백 이십 칠도 유다인과 대신과 방백과 관원에게 전할새 각 도의 문자와 각 민족의 방언과 유다인의 문자와 방언대로 쓰되 10 아하수에로 왕의 명의로 쓰고 왕의 반지로 인을 치고 그 조서를 역졸들에게 부쳐 전하게 하니 저희는 왕궁에서 길러서 왕의 일에 쓰는 준마를 타는 자들이라 11 조서에는 왕이 여러 고을에 있는 유다인에게 허락하여 저희로 함께 모여 스스로 생명을 보호하여 각 도의 백성 중 세력을 가지고 저희를 치려하는 자와 그 처자를 죽이고 도륙하고 진멸하고 그 재산을 탈취하게 하되 12 아하수에로 왕의 각 도에서 아달월 곧 십이월 십 삼일 하루 동안에 하

게 하였고 13 이 조서 초본을 각 도에 전하고 각 민족에게 반포하고 유다인으로 예비하였다가 그 날에 대적에게 원수를 갚게 한지라 14 왕의 명이 심히 급하매 역졸이 왕의 일에 쓰는 준마를 타고 빨리 나가고 그 조서가 도성 수산에도 반포되니라 15 모르드개가 푸르고 흰 조복을 입고 큰 금면류관을 쓰고 자색 가는 베 겉옷을 입고 왕의 앞에서 나오니 수산성이 즐거이 부르며 기뻐하고 16 유다인에게는 영광과 즐거움과 기쁨과 존귀함이 있는지라 17 왕의 조명이 이르는 각 도, 각 읍에서 유다인이 즐기고 기뻐하여 잔치를 베풀고 그 날로 경절을 삼으니 본토 백성이 유다인을 두려워하여 유다인 되는 자가 많더라

정말 전쟁은 여호와께 속한 것으로 하나님을 섬겨도 모르드개와 같이 섬기는 자 하나님을 섬겨도 에스더와 같이 '죽으면 죽으리라'하고 섬기는 자들, 이러한 자들에게는 하나님께서 위와 같은 대반전을 만들어 주시는 것이다.

즉 주를 위하여 죽고자 하는 자는 살리시고 자신을 위하여 살고자 하는 자는 그 목숨을 잃게 하시는 것이다.

[마 8:35]
누구든지 자기 목숨을 구원하고자하면 잃을 것이요 누구든지 나와 복음을 위하여 자기 목숨을 잃으면 구원하리라

할렐루야.

우리가 믿는 하나님은 전지전능하신 하나님으로 우리의 머리카락

까지 세시고 계신다. 그분이 사랑하시는 자녀들을 위하여 무엇인들 못 하시겠는가?

또한 하나님께서는 이렇게 말씀하신다.
나를 존중하는 자를 내가 존중하고 나를 멸시하는 자를 내가 경멸하리라.

[삼상 2:30]

그러므로 이스라엘의 하나님 나 여호와가 말하노라 내가 전에 네 집과 네 조상의 집이 내 앞에 영영히 행하리라 하였으나 이제 나 여호와가 말하노니 결단코 그렇게 아니하리라 나를 존중히 여기는 자를 내가 존중히 여기고 나를 멸시하는 자를 내가 경멸히 여기리라

또한 성경의 말씀에는 하나님을 대적하는 자는 산산히 부서지리라 라고 말씀하고 있는 것이다.

[삼상 2:10]

여호와를 대적하는 자는 산산이 깨어질 것이라 하늘 우뢰로 그들을 치시리로다 여호와께서 땅 끝까지 심판을 베푸시고 자기 왕에게 힘을 주시며 자기의 기름 부음을 받은 자의 뿔을 높이시리로다 하니라

그래서 하나님과 하나님의 백성들을 대적한 하만은 모르드개를 죽이려 하였으나 오히려 자신의 집에 모르드개를 달기 위하여 세운 나무에 자신이 죽임을 당하였을 뿐 아니라 그의 열 아들들까지도

다 죽게 되었다. 즉 그들은 하나님과 하나님의 백성들을 대적하다가 산산히 부서진 것이다.

[에 9:1, 5-10]

1 아달월 곧 십이월 십 삼일은 왕의 조명을 행하게 된 날이라 유다인의 대적이 저희를 제어하기를 바랐더니 유다인이 도리어 자기를 미워하는 자를 제어하게 된 그 날에 5 유다인이 칼로 그 모든 대적을 쳐서 도륙하고 진멸하고 자기를 미워하는 자에게 마음대로 행하고 6 유다인이 또 도성 수산에서 오백인을 죽이고 멸하고 7 또 바산다다와 달본과 아스바다와 8 보라다와 아달리야와 아리다다와 9 바마스다와 아리새와 아리대와 왜사다 10 곧 함므다다의 손자요 유다인의 대적 하만의 열 아들을 죽였으나 그 재산에는 손을 대지 아니하였더라

하나님을 경외하는 자
곧 그 뜻대로 사는 자에게 그 명령을 지키는 자에게는
하나님이 복을 주시되 신명기 28장 1-7절의 복을 주신다.

[신 28:1-7]

1 네가 네 하나님 여호와의 말씀을 삼가 듣고 내가 오늘날 네게 명하는 그 모든 명령을 지켜 행하면 네 하나님 여호와께서 너를 세계 모든 민족 위에 뛰어나게 하실 것이라 2 네가 네 하나님 여호와의 말씀을 순종하면 이 모든 복이 네게 임하며 네게 미치리니 3 성읍에서도 복을 받고 들에서도 복을 받을 것이며 4 네 몸의 소생과 네 토지의 소산과 네 짐승의 새끼와 우양의 새끼가 복을 받을 것이며 5 네 광주리와 떡반죽 그릇이 복을 받을 것이며 6 네가 들어와도 복을 받고 나가도 복을 받을 것이니라 7 네 대적들이 일어나 너를 치려하면 여호와께서 그들을 네 앞에서 패하게 하시리니 그들이 한 길로 너를 치러 들어왔으나 네 앞에서 일곱 길로 도망하리라

즉 하나님을 경외하는 자는 들어가도 복을 받고 나가도 복을 받는다. 그리고 모든 민족 위에 뛰어나게 되고 또한 대적이 와서 치려 하면 하나님께서 일곱 길로 도망가게 하신다. 할렐루야.

(4) 나는 또한 에스더에게 마음으로 질문하였다.
아하수에로 왕이 에스더가 삼일 금식한 후에 나아갔을 때 그렇게 에스더를 이쁘게 본 것이 그래서 왕이 왕후에게 나라의 절반이라도 주겠다고 하는 마음을 들게 한 것이 하나님이 하셨느냐고 물었더니 에스더가 '그렇다'라고 대답하였다. 할렐루야.

그 이전에는 왕이 왕후에게 그렇게 나라의 절반이라도 주겠다는 말을 한 번도 한 적이 없다는 것이다. 그녀가 죽으면 죽으리라 하고 금식 3일을 하고 난 후에 나아갔더니 그때부터 그렇게 말하였다는 것이다. 얼마나 하나님께서 왕으로 하여금 왕후를 이쁘게 보게끔 하셨는지…
할렐루야. 그렇다. 이 모든 것이 하나님을 사랑하는 자들에게 하나님이 하신 것이었음을 알게 된 순간이었다. '와우~ 할렐루야!'

그러므로 나는 다음과 같은 결론을 내렸다.
하나님께 죽도록 순종하는 자에게는 반드시 반전이 일어난다.
하나님께서는 반드시 그들을 위하여 반전을 일으키시는 것이다.

 구약편 3권

내가 천상에서 주를 위하여 죽으면 죽으리라 결단하다.

(2019년 6월 5일)

아침에 기도한 후에 천국에 올라가게 되었다.

나를 데리러 온 수레는 오늘따라 푸른 하늘빛이 도는 수정과 같은 수레였다.

수레는 나를 연못가의 공중에다가 내려놓았는데 어제와 같이 황금 계단이 연못가 바닥까지 즉시 생겼다. 그리하여 나는 주님께로 인도함을 받았는데 오늘은 주님께서 내 발을 손수 씻겨 주셨다.

그리고 손도 씻겨주시고 얼굴도 씻겨주셨다. 나는 너무 기분이 좋았다.

이전에는 너무 황송하여 씻으시지 말라고 아무리 부탁드려도 하셨는데 그러나 엊그저께는 주님께서 씻어주시지 않고 바로 생명수를 내 머리에 부어서 온 몸을 한꺼번에 씻어주실 때에 나는 좀 서운함을 느꼈었다.

그 마음을 아셨는지 오늘은 나를 직접 씻겨주셨다.

그러나 나는 여전히 나를 직접 씻겨주심에 죄송했고 황홀했고 감사가 넘쳤다.

주님께서는 그렇게 나를 씻기시고는 그다음 천사가 생명수를 가져와서 내 머리 위에 붓게 하셨다. 나는 연못가에 오면 늘 그러듯이 벤치 옆에 놓여 있는 꽃신을 신고 연못 위를 걸어 들어가서 터널로 들어갔다. 그러자 터널의 황금 문이 저절로 닫혔다.
주님이 닫으시는 느낌이 들었다. 주님은 내 뒤에 남으신 것 같으나 사실은 주님은 먼저 항상 가 계신다. 무슨 이유인지는 모르지만 나만 터널로 들어가 터널 속의 물이 나를 터널 이쪽 끝에서 터널 저쪽 끝으로 즉시 이동하게 한다. 즉 터널 속의 물이 나를 내가 가야하는 믿음의 선진의 집으로 나를 내려놓는 것이다. 늘 그렇듯이 주님은 분명 연못가에서 내가 터널 속으로 들어가는 것을 지켜보셨는데 이미 그 믿음의 선진의 집에 와 계신다.

이번에는 터널 속의 물이 나를 즉시 에스더의 궁 안으로 들여다 놓았다. 어제는 정원에 있는 현관문 앞에 내려놓더니 오늘은 궁 안에다가 나를 내려놓았다.
궁 안에는 벌써 주님이 와서 앉아 계셨고 그 오른편에는 모르드개가 흰옷을 입고 앉아 있었고 그다음 왼편에는 에스더가 앉아 있었다. 나는 주님의 맞은편에 가서 앉았다.

내가 먼저 말을 시작했다.
'주님 저는 모르드개와 에스더와 같이 죽으면 죽으리라 하고 살래요.' 라고 했더니 주님이 밝게 웃으시는 것이 보였고 또한 모르드개와 에스더도 밝게 웃는 것이 보였다.
'와~, 할렐루야'
나의 말에 주님과 함께 모르드개와 에스더가 모두 좋아해 주었다.

그 후에 나는 천국을 내려오게 되었는데 나는 오늘 그렇게 그들이 앉아 있는 자리에서 나는 그들을 바라보면서 나는 내가 나의 신앙의 길을 가는데 있어서 이들처럼 죽으면 죽으리라 하리라고 마음을 먹은 것이다.

나는 이 날 일부러 주님께서 나를 일부러 에스더 궁으로 데리고 가셔서 나에게서 이러한 고백을 받아내게 하신 느낌을 받았다. 왜냐하면 항상 하나님께서는 나를 천국으로 올라오게 할 때에는 이미 그 목적이 정하여져 있었기 때문이다.
그래서 주님께서 그들 앞에서 나의 죽으면 죽으리라 하는 고백을 듣고 싶어 하셔서 일부러 이날 에스더 궁으로 데리고 가신 것을 알게 되었다.

할렐루야. 나는 이렇게 일하시는 주님을 찬양하지 않을 수가 없다. 아니 부족한 나를 계속 이렇게 저렇게 만들어 가시는 하나님을 찬양하지 않을 수 없는 것이다. 그리하여 나는 오직 내 평생 주님만 따라 가기로 결심했다.

'오~ 주님 저를 받아 주시옵소서...'

10 구약편 3권
토마스 주님이 나타나서 베리칩이 666이라고 외치면 많은 영혼들이 그 영혼을 구원하게 될 것이라고 전해주다.

(2019년 6월 6일)

아침에 2-3시간 기도하는데 갑자기 몸에 힘이 쭉 빠지면서 또 천국에 올라갈 준비가 되어지자 옆에 시온이 나타나서 내 입에다가 쌀과자 하나를 넣어주는 것이었다.

그것을 먹자마자 내 눈앞에 긴 옷을 입으신 예수님이 황금 계단 위에 서 계셨고 나는 내 몸에서 7-8살 되는 아이로서 곱슬거리는 갈색의 단발머리를 한 소녀로 나가더니 주님의 손을 잡았다. 이 아이는 물론 나였고 너무 좋아하였다. 주님께서는 그 소녀 즉 나를 번쩍 들어 올리시더니 안고서는 층계를 두서너 개씩 한꺼번에 올라가셨다. 그리고 주님께서는 나를 계단 끝 위에 올려놓으시고 사라지려 하셨다. 그래서 나는 그분의 옷을 잡으려 하였으나 그분은 이미 사라지시고 보이지 않으셨다.

그리고 나는 내가 계단 끝에 서니까 나의 모습이 갑자기 어른으로 변하면서 현대 신부들이 입는 아름다운 드레스를 입고 그리고 긴 머리를 하고 있었고 머리에는 다이아몬드 면류관을 쓰고 있었다. '와우~ 갑자기 내 모습이 계단 끝에서 7-8살 먹은 아이의 모습에서 어른의 모습으로 변하다니…'

나는 여기에 대한 이유를 아직 모른다.

이 계단 끝에서부터는 주님의 보좌 앞으로 가는 길이 시작이 되었다. 물론 길 양쪽에는 흰옷 입은 두 날개 달린 천사들이 줄줄이 서 있었다.

그리고 내가 계단 끝에 서자 내 모습이 어린아이의 모습에서 어른의 모습으로 변하고 그리고 이 계단 끝에는 항상 수레에서 내리는 나를 주님께로 인도하는 분홍색 옷을 입고 분홍색 날개를 단 두 천사가 있으면서 내 두 손을 양쪽에서 하나씩 잡고서는 나를 주님께로 인도하는데 그때에 나를 보고 '주님 보좌 앞으로 잘 걸어가세요'라고 했다.

'아니 이들 천사가 여기에 와 있다니?' 나는 놀라워했다.

나는 그다음에 양쪽에 흰옷을 입고 흰 날개를 가진 천사들이 줄줄이 무리지어 있으면서 그들은 내가 걸어서 주님의 보좌 앞으로 걸어가는 것을 보더니 그들은 앞서서 길을 쫙쫙 비켜 주는 것이었다.

그런데 오늘따라 내 오른손을 높이 치켜들고 나와 같이 걷고 계신 분이 있다는 것이 나의 오른편에서 느껴졌다. 내 느낌으로는 그분은 성부 하나님으로 느껴졌는데 아니나 다를까 이분이 내게 하시는 말씀이 '나는 너의 아버지니라'고 말씀하시는 것이었다.

이는 꼭 우리 한국에서 예식장에 신부가 들어갈 때에 신부가 아버지의 손을 잡고 입장하는 그런 모습 같았다.

'와우…' 감격에 감격스러운 순간이었다.

그런데 이분이 사실 예수님이라는 사실도 알아졌다.

[사 9:6]

6 이는 한 아기가 우리에게 났고 한 아들을 우리에게 주신 바 되었는데 그 어깨에는 정사를 메었고 그 이름은 기묘자라 모사라 전능하신 하나님이라 영존하시는 아버지라 평강의 왕이라 할 것임이라

어쨌든 내 옆에 서신 예수님은 아주 키가 크시고 덩치가 크시게 느껴졌다.
나는 주님과 함께 걸어서 주님의 보좌 앞으로 걸어갔는데 즉시 내 옆에 서 계시던 그분이 없어졌고 이제는 보좌에 앉아계신 예수님만 보였다.

천사들이 아예 황금 대야에 생명수 물을 담은 것을 갖다 주었다. 즉 내가 이곳에 오면 주님의 구멍이 뚫린 발을 씻어야 했다. 나는 그 대야에 주님의 두 발을 씻어드리는데 그 구멍에서 피가 나와서 대야를 금세 채웠다. '와우~~'
그러자 발을 다 씻으니 천사들이 아름답고 아름다운 황금으로 군데군데 수가 놓인 수건을 내게 갖다 주었다. 나는 주님의 두 발을 그 수건으로 닦아 드렸다.
그러자 즉시 주님의 발에 황금 신발이 신겨졌다. 나는 주님의 발을 씻어 드린 후에 다시 주님의 보좌 앞에 엎드리려 하였으나 주님께서는 나보고 '너는 네 자리에 가서 앉으라' 하셨다. '나는 오늘 왜 나를 보고 내 자리에 가서 앉으라 하실까? 무슨 일이 벌어질까?'
궁금해하면서 나는 내가 앉는 자리에 와서 앉았다.

그랬더니 언제 나타났는지 토마스 주남이 머리를 봉긋하게 올린 상태로 아름다운 청색 드레스를 입고 나타났다. 이전에 보았던 바로 그 모습이다.

'아니 오늘 왜 토마스 주남이 내게 나타났지?' 하고 의문을 가지니까 주님이 말씀하셨다.

"토마스 주남이 오늘 네게 할 말이 있단다."

그러자 토마스 주남이 주님 앞에 서 있다가 내가 있는 자리로 와서 옆에 앉으면서 내 손을 잡으면서 이렇게 말했다.

'베리칩이 666이라고 외치는 것을 두려워하지 말라'고 했다.

'와우~~, 어떻게 알았지?'

오늘 아침에 카톡에 자신이 베리칩이 666이라고 피켓을 들고 전도하는데 두 청년이 와서 이상야릇한 웃음을 지으면서 끝까지 안 가고 쳐다보고 있었다는 보고를 올린 집사가 있었는데 자신도 그 순간이 무서워서 떨렸고 그것을 읽는 우리도 사실 떨렸었다.

즉 베리칩이 666이라고 전도하는 우리 모두에게 두려움이 엄습한 것이다.

천상에서 나타난 토마스 주남은 이렇게 나에게 말했다.

'우리가 그렇게 외침으로 많은 사람들이 그 영혼이 구원을 받게 될 것이라'고 말했다.

그러나 두려워 말 것은 설사 그 사람들이 베리칩이 666이라고 외치는 우리를 위협한다 할지라도 생명은 하나님께 달렸으니 하나님께서 우리의 생명을 지켜 주실 것이라는 것이다. 할렐루야.

'와, 맞다. 그렇다. 생명은 하나님께 달렸으니 그들이 우리의 생명을 어찌 할 수 없는 것이다. 할렐루야. 왜냐하면 죽고 사는 것은 오직 하나님께 달렸기 때문이다.

[삼상 2:6-7]

6 여호와는 죽이기도 하시고 살리기도 하시며 음부에 내리게도 하시고 올리기도 하시는도다 7 여호와는 가난하게도 하시고 부하게도 하시며 낮추기도 하시고 높이기도 하시는도다

그러므로 우리는 우리 하나님께 우리의 생명을 맡기면 되는 것이다. 그러자 갑자기 다니엘이 생각났다. 그는 자신이 사자굴에 던져질 것을 알면서도 기도를 멈추지 아니하였다. 즉 우리는 다니엘처럼 순교의 정신을 가져야 한다는 것이다. 토마스 주남이 오늘 나에게 나타나서 베리칩이 666이라고 외치는 것에 대한 두려워하는 마음을 없애 버렸다. 할렐루야.

사실은 나는 천국에 올라오기 전에 욥을 보여달라고 할 것이라는 생각을 하고 천국에 올라왔다. 그런데 하나님께서는 오히려 내가 지금 현재 지상에서 걱정하고 있는 그 일에 두려워하지 말고 외치라고 하시는 것이었다.
'와우~~~'
하나님은 너무나도 섬세하시고 정확하시다. 하나님께서는 나에게 무엇이 더 급한지 다 알고 계시는 분이신 것이다. 주여!
그리고는 천국은 더 이상 진행되지 아니하여 내려왔다.
할렐루야. 아멘.

11 구약편 3권

주님께서 천상에서 하나님의 인을 맞은 자들의 이름이 적힌 장부를 보여주시며 인사역을 열심히 감당할 것을 알려주시다.

(2019년 6월 24일)

아침에 여러 시간을 기도한 후에 천국에 올라가게 되었다.
나를 데리러 온 천사가 내게 이렇게 말했다. '주인님 모든 것이 준비 되어져 있습니다.'
그리고 보니 수레 전체가 청색이 나는 아주 물결무늬를 가진 수레가 왔다.
'와우~~, 오늘은 무슨 일이지 이렇게 물결무늬가 크게 있는 청색의 수레가 왔지?'
나는 궁금하였다. 나는 즉시 수레에 올라탔고 수레는 즉시 연못가 공중에 도착하였다.
주님께서 아래에 계시면서 나보고 '내려 오너라'고 말씀하셨다.
나는 공중에서 내려서 주님 앞에 와서는 눈물을 흘리면서 그분 앞에 엎드러졌다.
주님께서는 그러한 나를 데리고 즉시 하얀 궁 안으로 들어왔는데 그 곳은 바로 인장부가 있는 궁이었다. 주님께서는 나랑 같이 직사각형의 테이블에 같이 나란히 앉으셔서 그렇게 크지 않은 테이블 위에 놓여 있는 인장부를 내게 보여주시는 것이었다. '아하, 여기 오시려고 나를 데리러 온 수레가 그렇게 물결무늬가 크게 있는 청색의 수레가 왔구나가 알아졌다. 청색은 이렇게 하나님의 인과 관련이 많았다. 내가 사역하면서 인을 맞은 자들의 날짜가 먼저 한 페이지에 적혀 있었고 그 밑에 줄줄이 그 인 맞은 사람들의 이름들이 적혀 있었다. 그리고 그 인 맞은 자들의 페이지 수의 두께가 아직 안 맞은 자들의 페이지 수보다 약 1/3도 안 되어 보였다. 즉 이 말은 내가 여태껏 내 사역에서 인사역을 감당하여 사람들에게 인을 맞게 하였지만 인 맞은 자들이 (물론 내가 인을 치는 것은 아니지만 주님이 천사들을 데리고 나타나셔서 치시지만), 인 장부 전체의 1/3이 안 된다는 것이다.

그런데 주님께서 이 순간에 내게 알게 하여 주시는 것은 이 인 장부는 얼마든지 더 많이 그 페이지 수가 임의로 늘어날 수 있음을 알게 하여주셨다. 그리고 주님은 내게 이렇게 말씀하셨다.

"시온이 네게 할 말이 있다" 즉 천사 시온이 내게 할 말이 있다는 것이다. 주님과 내가 이 궁안에 들어서자 우리 뒤편으로 시온이와 39명의 먹물색깔의 옷을 입은 천사들이 줄지어서 여러 줄로 한쪽 무릎을 세우고 앉아 있는 것이 보였다. 그러자 테이블과 우리가 앉은 좌석이 빙 돌아서 그들을 향하여 보는 것이었다.

'와우~, 역시 천국이구나!' 즉시 이런 일이 일어났다.

그러자 시온이가 맨 앞에 앉았다가 이렇게 내게 말했다.

"저희들을 더 많이 사용하여 주십시오."

즉 이 말은 결국 나보고 인사역을 더 많이 하여 달라는 메시지로 받아들여졌다.

할렐루야.

그래서 나는 주님께 이렇게 말씀드렸다.
'주님 제가 최선을 다하겠습니다.'라고 말이다.'
때로는 고민이 된다. 해야 할지 말아야 할지. 왜냐하면 하나님의 인에 대하여 전혀 생소하고 잘 모르는 그들에게 혹이라도 이단 소리 듣지 아니할까 하여 내가 겁을 먹는 것을 주님께서 아시고 오늘 시온이가 이렇게 말을 하는 걸까 하는 생각도 들어왔다.
하여간 오늘 주님께서 나를 이 하얀 궁으로 데리고 오셔서 인 장부를 보여주시는 것 하며 그리고 시온 천사가 그렇게 말하게 하시는 것으로 보아서 나보고 주님은 '최선을 다하여 하나님의 인사역을 감당하라'고 하시는 것이 알아졌다.
할렐루야.

주님, 알겠습니다. 그리고 주님을 찬양합니다.

12 구약편 3권
천상에서 욥을 만나다. 고난 후에 진짜 복을 받은 이유를 말하다.
(2019년 6월 28일)

아침에 여러 시간 기도한 후에 하나님의 은혜로 천국에 올라가게 되었다.
수레 바깥에서 나를 수호하는 천사가 주로 아래위로 흰옷을 입고 있는데 오늘은 바깥에 밤색 무늬의 숄을 걸치고 있는 것이 보였다. 아주 전통적인 옷의 냄새가 나는 듯하였다. 그런데 열한 마리의 말에도 목에 그러한 짧은 숄을 걸치고 있었고 또한 말을 모는 천사도 그러한 숄을 걸치고 있었다. 그러고 보니 나를 데리러 온 마차가 마치 정자의 모양을 하고 있었다. 크고 아름다운 정자의 모양을 하고 있는 것이었다. 와우~ 아니 나를 데리러온 수레가 정자모양을 하고 있다니...
그러자 그 안에 옛날 조선시대의 도련님 차림의 옷을 한 도성이가 앉아 있었다. 그리고 그곳에 주님도 있었다. 와우~
그러니까 수레를 탄다는 것은 그 정자 안으로 내가 올라타는 것이었다. 나는 도성이를 보는 순간에 놀랍고 반갑고 정다와 했다.
그래서 수레 위 즉 정자 안에 이미 도성이가 앉아 있었고 주님도 그곳에 흰옷을 입고 앉아 계셨고 그리고 나도 거기에 가서 앉았다. 나는 오늘 도성이를 보면서 너무 기뻐하고 있는데 도성이가 말을 한다. '주님이 많이 슬퍼하세요...'

아니 주님이 슬퍼하시다니... 즉 나에 대하여 슬퍼하고 계신다는 것을 도성이를 통하여 주님께서 나에게 전하고 계시는 듯했다. 내가 주님이 무엇에 대하여 슬퍼하시느냐고 도성이에게 마음으로 물었을 때 도성이는 이렇게 말하였다.
주님께서 내가 구약에 대하여 빨리 안 쓰시는 것을 책을 내지 아니하는 것을 슬퍼하고 계신다는 것이었다.
'오~ 그렇구나! 주님께서 그것에 대하여 마음을 아파하고 계시는구나.'
결국 나보고 구약에 대한 책을 빨리 쓰라는 것이었다.

그리고서는 주님과 도성이와 나는 어느 물가에 와 있었다.
그 물가는 너무나 맑은 물 때문에 안이 다 보였다.
조약돌들이 환히 보였다.
그때에 도성이가 내게 이렇게 말했다.
'어머니의 마음이 이렇게 맑아요.'라고.
'와우~'
그것은 나에게 굉장한 칭찬이었다.

나는 주님에게 이렇게 요구하였다.
'주님 도성이가 사는 곳은 어디인지요? 보고 싶어요.' 하였더니

그러자 주님과 도성이는 나의 요구는 먼 이야기처럼 들리지 아니하는 말처럼 여기고 사라졌다. 그래서 나는 그것은 아마도 아직 밝혀지지 아니하는 것인가 보다라고 나는 생각이 들었다.

그런 후에 주님과 나는 어느새 연못가에 와 있었다.
주님은 내가 꽃신을 신기를 원하셨다.
신발은 코가 올라온 꽃신으로 황금색과 은색이 나는 아주 아름다운 신이었다.
'와우~~ 아름다워라' 오늘 특히 아름답다고 생각이 들었다. 나는 그 신을 신고 연못 위를 걸어 들어가서 오른편 터널로 들어갔다. 그러자 물은 나를 속히 여호수아의 궁에다가 내려놓았다. 궁 안에 원탁 테이블이 놓여 있었고 거기에는 벌써 모세와 주님 그리고 여호수아가 와 있었다. 그들이 앉아 있었고 나는 금방 도착하여 자리에 앉았다.
내가 주님의 반대편에 내가 앉았고 주님의 오른편에 모세가 하늘색 옷을 입고 앉아 있었고 왼편에는 여호수아가 쑥색의 옷을 입고 앉아 있었다. 모세는 나에게 이렇게 말하였다. "이제 이 궁에는 그만 올 거예요." 그렇다 이제 나는 시편을 보고 있으니 다윗 궁에서 이야기할 것임이 알아졌다.

그러자 나는 욥을 보고 싶다 하였다.
욥이 나타났다.
나는 여기 기록은 아니하였으나 나는 이미 천상에서 여기서 욥을 두 번이나 본 적이 있었다. 그런데 여기 안 적은 이유는 그의 모양새가 나는 믿어지지 않았기 때문이다.
물론 천국의 사람들은 다 모습이 제각기 틀리다. 욥은 덩치가 아주 컸으며 얼굴도 큰 편이고 좀 원형이나 긴 편으로 머리는 거의 빡빡 깎은 듯한 검은 머리로 머리가 둥글둥글하였고 옷차림은 좀 하얀색

계통이 아니라 곤색인지 검정색인지 그러한 색깔이 나는 옷을 아래 위로 입고 있어서 혹 내가 잘못 보았나하여 기록을 안 하였었는데 오늘 욥을 보여달라 하였던 엊그제와 어제 본 그대로의 모습으로 나타났다.

그래 이 정도면 나는 믿어야 한다고 생각했다. 왜냐하면 오늘은 세 번째로 욥을 보는데 어제와 오늘 똑같은 모습을 하고 나타났기 때문이다. 사실 천국에서 어떤 옷차림을 하고 있는가는 그렇게 큰 문제가 되지 않는다.

그런데 욥이 그렇게 하고 있다는 것이 좀 안 믿어졌고 또 덩치가 크고 둥글둥글하게 생긴 것이 그러면서 얼굴이 좀 긴 그러한 모습이 좀 안 믿어졌을 뿐이다.

욥이 내 오른편에 모세와 가까운 편에 앉았다.

나는 욥에게 물었다.

욥은 고난을 많이 겪었다.

욥은 동방에서 부자였고 그 슬하에 일곱 아들들과 세 딸들이 있었는데 그는 늘 자신의 의로 하나님을 섬겼던 것이다. 그러나 이러한 의 즉 자신이 의롭다하는 것을 하나님께서는 무너뜨리기를 원하셨다.

[욥 1:1-22]

1 우스 땅에 욥이라 불리는 사람이 있었는데 그 사람은 온전하고 정직하여 하나님을 경외하며 악에서 떠난 자더라 2 그에게 아들 일곱과 딸 셋이 태어나니라 3 그의 소유물은 양이 칠천 마리요 낙타가 삼천 마리요 소가 오백 겨리요 암나귀가 오백 마리이며 종도 많이 있었으니 이 사람은 동방 사람 중에 가장 훌륭한 자라 4 그의 아들들이 자기 생일에 각각 자기의 집에서 잔치를 베풀고 그의 누이 세 명도 청하여 함께 먹고 마시더라 5 그

들이 차례대로 잔치를 끝내면 욥이 그들을 불러다가 성결하게 하되 아침에 일어나서 그들의 명수대로 번제를 드렸으니 이는 욥이 말하기를 혹시 내 아들들이 죄를 범하여 마음으로 하나님을 욕되게 하였을까 함이라 욥의 행위가 항상 이러하였더라 6 하루는 하나님의 아들들이 와서 여호와 앞에 섰고 사탄도 그들 가운데에 온지라 7 여호와께서 사탄에게 이르시되 네가 어디서 왔느냐 사탄이 여호와께 대답하여 이르되 땅을 두루 돌아 여기저기 다녀왔나이다 8 여호와께서 사탄에게 이르시되 네가 내 종 욥을 주의하여 보았느냐 그와 같이 온전하고 정직하여 하나님을 경외하며 악에서 떠난 자는 세상에 없느니라 9 사탄이 여호와께 대답하여 이르되 욥이 어찌 까닭 없이 하나님을 경외하리이까 10 주께서 그와 그의 집과 그의 모든 소유물을 울타리로 두르심 때문이 아니니이까 주께서 그의 손으로 하는 바를 복되게 하사 그의 소유물이 땅에 넘치게 하셨음이니이다 11 이제 주의 손을 펴서 그의 모든 소유물을 치소서 그리하시면 틀림없이 주를 향하여 욕하지 않겠나이까 12 여호와께서 사탄에게 이르시되 내가 그의 소유물을 다 네 손에 맡기노라 다만 그의 몸에는 네 손을 대지 말지니라 사탄이 곧 여호와 앞에서 물러가니라 13 하루는 욥의 자녀들이 그 맏아들의 집에서 음식을 먹으며 포도주를 마실 때에 14 사환이 욥에게 와서 아뢰되 소는 밭을 갈고 나귀는 그 곁에서 풀을 먹는데 15 스바 사람이 갑자기 이르러 그것들을 빼앗고 칼로 종들을 죽였나이다 나만 홀로 피하였으므로 주인께 아뢰러 왔나이다 16 그가 아직 말하는 동안에 또 한 사람이 와서 아뢰되 하나님의 불이 하늘에서 떨어져서 양과 종들을 살라 버렸나이다 나만 홀로 피하였으므로 주인께 아뢰러 왔나이다 17 그가 아직 말하는 동안에 또 한 사람이 와서 아뢰되 갈대아 사람이 세 무리를 지어 갑자기 낙타에게 달려들어 그것을 빼앗으며 칼로 종들을 죽였나이다 나만 홀로 피하였으므로 주인께 아뢰러 왔나이다 18 그가 아직 말하는 동안에 또 한 사람이 와서 아뢰되 주인의 자녀들이 그들의 맏아들의 집에서 음식을 먹으며 포도주를 마시는데 19 거친 들에서 큰 바람이 와서 집 네 모퉁이를 치매 그 청년들 위에 무너지므로 그들이 죽었나이다 나만 홀로 피하였으므로 주인께 아뢰러 왔나이다 한지라 20 욥이 일어나 겉옷을 찢고 머리털을 밀고 땅에 엎드려 예배하며 21 이르되 내가 모태에서 알몸으로 나왔사온즉 또한 알몸이 그리로 돌아가올지라 주신 이도 여호와시요 거두신 이도 여호와시오니 여호와의 이름이 찬송을 받으실지니이다 하고 22 모든 일에 욥이 범죄하지 아니하고 하나님을 향하여 원망하지 아니하니라

욥이 자신이 가진 모든 재산과 열 아들 딸들을 다 잃고서도 그는 하나님을 원망하지 않았다. 즉 자기의 의로 하나님을 원망하지 않은 것이다. 말로 범죄하지 않았던 것이다.
그러나 그의 속에 있는 '자신이 의롭다' 하는 것은 무너지지 않았다. 그러자 하나님께서는 다시 사단을 이용하여 그의 몸까지 치게 하신다. 그랬을 때에야 욥은 '자신이 하나님보다 더 의롭다'라고 생각한 것이 드러나게 된다.

[욥 2:1-10]

1 또 하루는 하나님의 아들들이 와서 여호와 앞에 서고 사단도 그들 가운데 와서 여호와 앞에 서니 2 여호와께서 사단에게 이르시되 네가 어디서 왔느냐 사단이 여호와께 대답하여 가로되 땅에 두루 돌아 여기 저기 다녀왔나이다 3 여호와께서 사단에게 이르시되 네가 내 종 욥을 유의하여 보았느냐 그와 같이 순전하고 정직하여 하나님을 경외하며 악에서 떠난 자가 세상에 없느니라 네가 나를 격동하여 까닭 없이 그를 치게 하였어도 그가 오히려 자기의 순전을 굳게 지켰느니라 4 사단이 여호와께 대답하여 가로되 가죽으로 가죽을 바꾸오니 사람이 그 모든 소유물로 자기의 생명을 바꾸올지라 5 이제 주의 손을 펴서 그의 뼈와 살을 치소서 그리하시면 정녕 대면하여 주를 욕하리이다 6 여호와께서 사단에게 이르시되 내가 그를 네 손에 붙이노라 오직 그의 생명은 해하지 말지니라 7 사단이 이에 여호와 앞에서 물러가서 욥을 쳐서 그 발바닥에서 정수리까지 악창이 나게 한지라 8 욥이 재 가운데 앉아서 기와 조각을 가져다가 몸을 긁고 있더니 9 그 아내가 그에게 이르되 당신이 그래도 자기의 순전을 굳게 지키느뇨

하나님을 욕하고 죽으라 10 그가 이르되 그대의 말이 어리석은 여자 중 하나의 말 같도다 우리가 하나님께 복을 받았은즉 재앙도 받지 아니하겠느뇨 하고 이 모든 일에 욥이 입술로 범죄치 아니하니라

그런데 고통이 너무 심하자 욥은 드디어 자신의 입으로 그는 입을 열어서 자신의 태어남을 저주하였던 것이다.

[욥 3:1-12]

1 그 후에 욥이 입을 열어 자기의 생일을 저주하니라 2 욥이 말을 내어 가로되 3 나의 난 날이 멸망하였었더라면, 남아를 배었다 하던 그 밤도 그러하였었더라면, 4 그날이 캄캄하였었더라면, 하나님이 위에서 돌아보지 마셨더라면, 빛도 그 날을 비취지 말았었더라면, 5 유암과 사망의 그늘이 그 날을 자기 것이라 주장하였었더라면, 구름이 그 위에 덮였었더라면, 낮을 캄캄하게 하는 것이 그 날을 두렵게 하였었더라면, 6 그 밤이 심한 어두움에 잡혔었더라면, 해의 날 수 가운데 기쁨이 되지 말았었더라면, 달의 수에 들지 말았었더라면, 7 그 밤이 적막하였었더라면, 그 가운데서 즐거운 소리가 일어나지 말았었더라면, 8 날을 저주하는 자 곧 큰 악어를 격동시키기에 익숙한 자가 그 밤을 저주하였었더라면, 9 그 밤에 새벽 별들이 어두웠었더라면, 그 밤이 광명을 바랄지라도 얻지 못하며 동틈을 보지 못하였었더라면 좋았을 것을, 10 이는 내 모태의 문을 닫지 아니하였고 내 눈으로 환난을 보지 않도록 하지 아니하였음이로구나 11 어찌하여 내가 태에서 죽어 나오지 아니하였었던가 어찌하여 내 어미가 낳을 때에 내가 숨지지 아니하였던가 12 어찌하여 무릎이 나를 받았던가 어찌하여 유방이 나로 빨게 하였던가

즉 자신의 생일을 저주하였다는 것은 하나님의 주권을 인정하지 아니하는 것으로 하나님께서 잘못하셨다는 것이다.

이 뿐 아니라 자신은 잘못한 것이 아무것도 없는데 공연히 전능자의 화살이 자신을 향하였다고 말한다. 즉 이것은 자신은 잘못한 것이 없는데 하나님께서 잘못하고 있다는 것을 말한 것이었다. 이것은 자신이 하나님보다 더 의롭다하는 것을 단적으로 드러낸 내용이었다.

[욥 6:1-4]

1 욥이 대답하여 이르되 2 나의 괴로움을 달아 보며 나의 파멸을 저울 위에 모두 놓을 수 있다면 3 바다의 모래보다도 무거울 것이라 그러므로 나의 말이 경솔하였구나 4 전능자의 화살이 내게 박히매 나의 영이 그 독을 마셨나니 하나님의 두려움이 나를 엄습하여 치는구나

이렇게 욥이 자신의 의로움이 그의 몸이 상하였을 때에 드러나게 되었다. 이러한 자신의 의가 하나님의 개입으로 무너진다.

하나님께서 욥에게 너는 사내대장부로서 허리띠를 묶고 나에게 묻는 것에 대하여 대답하라고 말씀하셨다. 그리고 그 내용들은 주로 하나님께서 이 세상을 창조하실 때에 여러 창조에 대한 것이었는데 사실 욥은 그 질문들에 아는 것이 하나도 없었던 것이다.

[욥 38:1-11]

1 때에 여호와께서 폭풍 가운데로서 욥에게 말씀하여 가라사대 2 무지한 말로 이치를 어둡게 하는 자가 누구냐 3 너는 대장부처럼 허리를 묶고 내가 네게 묻는 것을 대답할지니라 4 내가 땅의 기초를 놓을 때에 네가 어디 있었느냐 네가 깨달아 알았거든 말할지니라 5 누가 그 도량을 정하였었는

지, 누가 그 준승을 그 위에 띄웠었는지 네가 아느냐 6 그 주초는 무엇 위에 세웠으며 그 모퉁이 돌은 누가 놓았었느냐 7 그 때에 새벽 별들이 함께 노래하며 하나님의 아들들이 다 기쁘게 소리 하였었느니라 8 바닷물이 태에서 나옴 같이 넘쳐 흐를 때에 문으로 그것을 막은 자가 누구냐 9 그 때에 내가 구름으로 그 의복을 만들고 흑암으로 그 강보를 만들고 10 한계를 정하여 문과 빗장을 베풀고 11 이르기를 네가 여기까지 오고 넘어가지 못하리니 네 교만한 물결이 여기 그칠지니라 하였었노라

또 하나님은 계속하여 욥에게 질문을 합니다.

[욥 39:1-6]

1 산 염소가 새끼 치는 때를 네가 아느냐 암사슴이 새끼 낳는 것을 네가 본 적이 있느냐 2 그것이 몇 달 만에 만삭되는지 아느냐 그 낳을 때를 아느냐 3 그것들은 몸을 구푸리고 새끼를 낳으니 그 괴로움이 지나가고 4 그 새끼는 강하여져서 빈 들에서 크다가 나간 후에는 다시 돌아오지 아니하느니라 5 누가 들나귀를 놓아 자유롭게 하였느냐 누가 빠른 나귀의 매인 것을 풀었느냐 6 내가 들을 그것의 집으로, 소금 땅을 그것이 사는 처소로 삼았느니라

이러한 하나님의 창조의 비밀을 말씀하시면서 아는 것이 있으면 말해보라고 욥에게 묻습니다. 그러나 욥은 아는 것이 하나도 없었으므로 이렇게 말한다.

[욥 40:1-8]

1 여호와께서 또 욥에게 일러 말씀하시되 2 트집 잡는 자가 전능자와 다투겠느냐 하나님을 탓하는 자는 대답할지니라 3 욥이 여호와께 대답하여

이르되 4 보소서 나는 비천하오니 무엇이라 주께 대답하리이까 손으로 내 입을 가릴 뿐이로소이다 5 내가 한 번 말하였사온즉 다시는 더 대답하지 아니하겠나이다 6 그 때에 여호와께서 폭풍우 가운데에서 욥에게 일러 말씀하시되 7 너는 대장부처럼 허리를 묶고 내가 네게 묻겠으니 내게 대답할지니라 8 네가 내 공의를 부인하려느냐 네 의를 세우려고 나를 악하다 하겠느냐

여기서 위의 구절에서 욥이 무엇이 잘못되었는지를 잘 이야기하고 있다.
즉 욥은 자신이 의롭고 하나님이 악하다고 생각하였던 것이다.
이것은 자신이 잘못한 것 아무것도 없는데 전능자의 화실이 공연히 자기를 향하여 있다라고 하는 말과 같은 것이다.

결국 욥은 하나님께 이렇게 말한다.
'저는 아무것도 모르면서 아는 체하였고 의롭지 않으면서 나 스스로가 의롭다라고 생각하였던 것 다 회개하나이다.'라고 고백하였던 것이다. 그리하여 욥이 자신의 의를 내려놓게 되니 스스로 고백하기를 이제는 귀로만 듣던 하나님을 이제는 눈으로 보나이다라고 고백한 것이다.

[욥 42:1-6]

1 욥이 여호와께 대답하여 가로되 2 주께서는 무소불능하시오며 무슨 경영이든지 못 이루실 것이 없는 줄 아오니 3 무지한 말로 이치를 가리우는 자가 누구니이까 내가 스스로 깨달을 수 없는 일을 말하였고 스스로 알 수 없고 헤아리기 어려운 일을 말하였나이다 4 내가 말하겠사오니 주여 들으시고 내가 주께 묻겠사오니 주여 내게 알게 하옵소서

5 내가 주께 대하여 귀로 듣기만 하였삽더니 이제는 눈으로 주를 뵈옵나이다 6 그러므로 내가 스스로 한하고 티끌과 재 가운데서 회개하나이다

그 후에 성경은 욥에 대하여 이렇게 말하는 것을 볼 수 있다.

[욥 42:10-17]

10 욥이 그 벗들을 위하여 빌매 여호와께서 욥의 곤경을 돌이키시고 욥에게 그전 소유보다 갑절이나 주신지라 11 이에 그의 모든 형제와 자매와 및 전에 알던 자들이 다 와서 그 집에서 그와 함께 식물을 먹고 여호와께서 그에게 내리신 모든 재앙에 대하여 그를 위하여 슬퍼하며 위로하고 각각 금 한 조각과 금고리 하나씩 주었더라 12 여호와께서 욥의 모년에 복을 주사 처음 복보다 더 하게 하시니 그가 양 일만 사천과 약대 육천과 소 일천 겨리와 암나귀 일천을 두었고 13 또 아들 일곱과 딸 셋을 낳았으며 14 그가 첫째 딸은 여미마라 이름하였고 둘째 딸은 굿시아라 이름하였고 세째 딸은 게렌합북이라 이름하였으며 15 전국 중에 욥의 딸들처럼 아리따운 여자가 없었더라 그 아비가 그들에게 그 오라비처럼 산업을 주었더라 16 그 후에 욥이 일백 사십년을 살며 아들과 손자 사대를 보았고 17 나이 늙고 기한이 차서 죽었더라

즉 그는 자신의 의를 내려놓게 된 이후로 건강을 되찾았으며 재산도 그 이전의 것보다 두배로 늘어났고 또 열 아들 딸들을 그대로 낳았으며 성경은 그 이후에 욥이 140년을 더 살았고 아들과 손자 4대를 보았다고 되어 있는 것이다.

나는 궁금하였다.
'욥의 그 이후 140년 동안의 삶이 어떠하였을까' 하는

그러자 그가 하나님과 동행하는 삶을 살았다는 것이 알아졌다. 그것은 당연한 사실이었다. 왜냐하면 자신의 의가 무너지니 하나님이 함께 하셨음이 당연한 것이다.

성경은 우리에게 이렇게 말씀한다.

[벧후 3:18]
오직 우리 주 곧 구주 예수 그리스도의 은혜와 그를 아는 지식에서 자라가라 영광이 이제와 영원한 날까지 그에게 있을지어다

즉 우리가 하나님을 아는 지식에서 날마다 자라가야 한다는 것이다.

나는 욥에게 이렇게 말했다.
욥, 한마디만 이 세상 사람들에게 하고 싶은 이야기를 해 주세요.
하였더니 이렇게 말했다.

'먼저 그의 나라와 그의 의를 구하라 하세요 그리하면 모든 것을 더하시는 하나님을 만나게 될 것입니다'라고 했다.

이때에 나는 욥이 하는 말속에 담긴 의미가 나에게 고스란히 전달되었는데 자신이 그렇게 고난 후에 재산이 두 배로 되고 또한 열 아들 딸들을 다시 얻고 그렇게 된 것은 자신이 이제 귀로만 듣던 하나님을 눈으로 보게 되었기 때문인데 그것은 자신의 의가 무너지니 자신의 심령속에 하나님의 나라가 임하였다는 것이었다.

그래서 그의 나라와 그의 의를 구하는 것의 의미가 우리 안에서부터 우리의 심령 안에서부터 하나님의 나라가 이루어져야 한다는 것으로.

그것이 다른 어떤 것보다 중요하며 그리하여 우리 안에 하나님의 나라가 이루어지는 것에 우리는 최선을 다하여야 하고 그것이 되어질 때에 우리 하나님께서는 그 모든 것을 더하는 역사가 일어날 것이라고 나에게 욥으로부터 그 의미가 전달되었던 것이다.

성경은 학개서에서 우리 안에 하나님의 나라가 이루어지는 것에 대하여 더 열심히 하여야 하는데 그렇게 하지 않고 자신의 성을 쌓고 있는 자들에게 하나님께서는 학개서를 통하여 이렇게 말씀하고 있는 것을 본다.

[학 1:3-11]
3 여호와의 말씀이 선지자 학개에게 임하여 가라사대 4 이 전이 황무하였거늘 너희가 이 때에 판벽한 집에 거하는 것이 가하냐 5 그러므로 이제 나 만군의 여호와가 말하노니 너희는 자기의 소위를 살펴 볼지니라 6 너희가 많이 뿌릴지라도 수입이 적으며 먹을지라도 배부르지 못하며 마실지라도 흡족하지 못하며 입어도 따뜻하지 못하며 일군이 삯을 받아도 그것을 구멍 뚫어진 전대에 넣음이 되느니라 7 나 만군의 여호와가 말하노니 너희는 자기의 소위를 살펴 볼지니라 8 너희는 산에 올라가서 나무를 가져다가 전을 건축하라 그리하면 내가 그로 인하여 기뻐하고 또 영광을 얻으리라 나 여호와가 말하였느니라 9 너희가 많은 것을 바랐으나 도리어 적었고 너희가 그것을 집으로 가져갔으나 내가 불어 버렸느니라 나 만군의 여호와가 말하노라 이것이 무슨 연고뇨 내 집은 황무하였으되 너희는 각각 자기의 집에 빨랐음이니라 10 그러므로 너희로 인하여 하늘은 이슬을 그

쳤고 땅은 산물을 그쳤으며 11 내가 한재를 불러 이 땅에 산에 곡물에 새 포도주에 기름에 땅의 모든 소산에 사람에게 육축에게 손으로 수고하는 모든 일에 임하게 하였느니라

그렇다. 하나님께서 우리에게 먼저 그의 나라와 그의 의를 구하라고 하신 것은 먼저 내 안에 하나님의 나라를 구하는 것이다. 우리는 그 무엇보다 이것에 힘을 써야 할 것이다. 그리하면 하나님께서는 우리에게 그 모든 것을 더하실 것이다. 할렐루야.

사람들은 욥이 고난을 당하더니 그 후에 더 부자가 되었다는 것에 더 많은 관심을 갖고 있다. 그것에 대하여 욥은 오늘 이렇게 나에게 전하는 것이었다.
전화위복 이런 정도로만 생각한다는 것이다. 그런데 그것이 아니라는 것이다. 욥은 자신 안에 있는 자신의 의가 무너지고 나니 자신 안에 이제 하나님의 나라가 이루어져서 귀로만 듣던 하나님을 눈으로 보는 삶을 살게 된 것이다. 그렇게 되니 이제 하나님께서는 그 모든 것을 더하셨다고 고백하고 있는 것이다. 아멘.

그러므로 [마 6:31-33]은
31 그러므로 염려하여 이르기를 무엇을 먹을까 무엇을 마실까 무엇을 입을까 하지 말라

32 이는 다 이방인들이 구하는 것이라 너희 천부께서 이 모든 것이 너희에게 있어야 할 줄을 아시느니라 33 너희는 먼저 그의 나라와 그의 의를 구하라 그리하면 이 모든 것을 너희에게 더하시리라

이 말씀은 먼저 우리 안에 하나님의 나라가 이루어지는 것을 말하고 있는 것으로 받아야 할 것이다.
할렐루야.

욥을 통하여 다시 한번 우리에게 우리가 구할 것은 오직 하나님의 나라라는 것을 말씀하시는 하나님을 찬양한다.

그러므로 우리는 신앙생활을 하면서 그 무엇보다도 속히 우리 안에 있는 나의 의가 무너지고 내 안에 하나님의 나라가 이루어지기를 기도하여야 할 것이다. 아멘.

13 구약편 3권
압살롬이 죽었을 때에 다윗이 슬피 운 진짜 이유를 알게 되다.
(2019년 7월 8일)

나는 어제 주일날 시편 6장을 설교했다.
이 시편은 다윗이 셋째 아들 압살롬이 반역하여 그 아들에게 쫓겨나게 되었을 때에 슬퍼하며 지은 시라고 볼 수 있다.

[시편 6:1-10]

1 (다윗의 시, 영장으로 현악 스미닛에 맞춘 노래) 여호와여 주의 분으로 나를 견책하지 마옵시며 주의 진노로 나를 징계하지 마옵소서 2 여호와여 내가 수척하였사오니 긍휼히 여기소서 여호와여 나의 뼈가 떨리오니 나를 고치소서 3 나의 영혼도 심히 떨리나이다 여호와여 어느 때까지니이까 4 여호와여 돌아와 나의 영혼을 건지시며 주의 인자하심을 인하여 나를 구원하소서 5 사망 중에서는 주를 기억함이 없사오니 음부에서 주께 감사할 자 누구리이까 6 내가 탄식함으로 곤핍하여 밤마다 눈물로 내 침상을 띄우며 내 요를 적시나이다 7 내 눈이 근심을 인하여 쇠하며 내 모든 대적을 인하여 어두웠나이다 8 행악하는 너희는 다 나를 떠나라 여호와께서 내 곡성을 들으셨도다 9 여호와께서 내 간구를 들으셨음이여 여호와께서 내 기도를 받으시리로다 10 내 모든 원수가 부끄러움을 당하고 심히 떨이여 홀연히 부끄러워 물러가리로다

그리고 사실 다윗은 자신에게 반역한 압살롬이 요압장군에 의하여

칼에 찔려서 죽었을 때에 전쟁에 대하여 승리한 것에 대한 기뻐하는 마음은 전혀 없었고 오히려 자신의 아들 소년 압살롬이 죽은 것에 대하여 매우 슬퍼한 것으로 나타난다.

그 구절을 다시 보면

[사무엘하 18:1-17]

1 이에 다윗이 그 함께한 백성을 계수하고 천부장과 백부장을 그 위에 세우고 2 그 백성을 내어 보낼새 삼분지 일은 요압의 수하에, 삼분지 일은 스루야의 아들 요압의 동생 아비새의 수하에 붙이고 삼분지 일은 가드 사람 잇대의 수하에 붙이고 백성에게 이르되 나도 반드시 너희와 함께 나가리라 3 백성들이 가로되 왕은 나가지 마소서 우리가 도망할지라도 저희는 우리에게 주의하지 아니할 터이요 우리가 절반이나 죽을지라도 우리에게 주의하지 아니할 터이라 왕은 우리 만 명보다 중하시오니 왕은 성에 계시다가 우리를 도우심이 좋으이다 4 왕이 저희에게 이르되 너희가 선히 여기는 대로 내가 행하리라 하고 문 곁에 서매 모든 백성이 백 명씩 천 명씩 대를 지어 나가는지라 5 왕이 요압과 아비새와 잇대에게 명하여 가로되 나를 위하여 소년 압살롬을 너그러이 대접하라 하니 왕이 압살롬을 위하여 모든 군장에게 명령할 때에 백성들이 다 들으니라 6 이에 백성이 이스라엘을 치러 들로 나가서 에브라임 수풀에서 싸우더니 7 거기서 이스라엘 무리가 다윗의 심복들에게 패하매 그 날 그곳에서 살륙이 커서 이만에 이르렀고 8 그 땅에서 사면으로 퍼져 싸웠으므로 그 날에 수풀에서 죽은 자가 칼에 죽은 자보다 많았더라 9 압살롬이 다윗의 신복과 마주치니라 압살롬이 노새를 탔는데 그 노새가 큰 상수리나무 번성한 가지 아래로 지날 때에 압살롬의 머리털이 그 상수리나무에 걸리매 저가 공중에 달리고 그 탔던 노새는 그 아래로 빠져나간지라 10 한 사람이 보고 요압에게 고하여 가로되 내가 보니 압살롬이 상수리나무에 달렸더이다 11 요압이 그 고한 사람에게 이르되 네가 보고 어찌하여 당장에 쳐서 땅에 떨어뜨리

지 아니하였느뇨 내가 네게 은 열 개와 띠 하나를 주었으리라 12 그 사람
이 요압에게 대답하되 내가 내 손에 은 천 개를 받는다 할지라도 나는 왕
의 아들에게 손을 대지 아니하겠나이다 우리가 들었거니와 왕이 당신과
아비새와 잇대에게 명하여 이르시기를 삼가 누구든지 소년 압살롬을 해하
지 말라 하셨나이다 13 아무 일도 왕 앞에는 숨길 수 없나니 내가 만일 거
역하여 그 생명을 해하였다면 당신도 나를 대적하였으리이다 14 요압이
가로되 나는 너와 같이 지체할 수 없다 하고 손에 작은 창 셋을 가지고 가
서 상수리나무 가운데서 아직 살아 있는 압살롬의 심장을 찌르니 15 요압
의 병기를 맡은 소년 열이 압살롬을 에워싸고 쳐죽이니라 16 요압이 나
팔을 불어 백성들로 그치게 하니 저희가 이스라엘을 따르지 아니하고 돌
아오니라 17 무리가 압살롬을 옮겨다가 수풀 가운데 큰 구멍에 던지고 그
위에 심히 큰 돌무더기를 쌓으니 온 이스라엘 무리가 각기 장막으로 도
망하니라

[사무엘하 18:24-33]

24 때에 다윗이 두 문 사이에 앉았더라 파수꾼이 성문루에 올라가서 눈을
들어 보니 어떤 사람이 홀로 달음질하는지라 25 파수꾼이 외쳐 왕께 고하
매 왕이 가로되 저가 만일 혼자면 그 입에 소식이 있으리라 할 때에 저가
차차 가까이 오니라 26 파수꾼이 본즉 한 사람이 또 달음질하는지라 문지
기에게 외쳐 이르되 보라 한 사람이 또 혼자 달음질한다 하니 왕이 가로
되 저도 소식을 가져오느니라 27 파수꾼이 가로되 나 보기에는 앞선 사람
의 달음질이 사독의 아들 아히마아스의 달음질과 같으니이다 왕이 가로되
저는 좋은 사람이니 좋은 소식을 가져오느니라 28 아히마아스가 외쳐 왕
께 말씀하되 평강하옵소서 하고 왕의 앞에서 얼굴을 땅에 대고 절하여 가
로되 왕의 하나님 여호와를 찬양하리로소이다 그 손을 들어 내 주 왕을 대
적하는 자들을 붙여 주셨나이다 29 왕이 가로되 소년 압살롬이 잘 있느냐
아히마아스가 대답하되 요압이 왕의 종 나를 보낼 때에 크게 소동하는 것
을 보았사오나 무슨 일인지 알지 못하였나이다 30 왕이 가로되 물러나 곁
에 서 있으라 하매 물러나서 섰더라 31 구스 사람이 이르러 고하되 내 주

왕께 보할 소식이 있나이다 여호와께서 오늘날 왕을 대적하던 모든 원수를 갚으셨나이다 32 왕이 구스 사람에게 묻되 소년 압살롬이 잘 있느냐 구스 사람이 대답하되 내 주 왕의 원수와 일어나서 왕을 대적하는 자들은 다 그 소년과 같이 되기를 원하나이다 33 왕의 마음이 심히 아파 문루로 올라가서 우니라 저가 올라갈 때에 말하기를 내 아들 압살롬아 내 아들 내 아들 압살롬아 내가 너를 대신하여 죽었더면, 압살롬 내 아들아 내 아들아 하였더라

이 사무엘하 18장을 보면 그의 아들 압살롬이 반역하여 자신의 아버지 다윗을 죽이려 하여 전쟁을 일으켰으나 요압 장군에 의하여 압살롬이 죽게 되었는데 압살롬이 아무리 아들이지만 그 아들이 원수짓하다가 죽게 되었는데 다윗은 그것을 당연하다고 생각한 구절은 한 구절도 없고 오직 그 아들의 죽음에 대하여 슬퍼한 장면만 나오고 있다.

그런데 오늘 불현듯 내게 들어온 생각이 있었는데 그것은 '아하~ 압살롬이 지옥을 갔구나'가 알아진 것이다.
그러면서 압살롬은 자신의 누이 다말을 강간한 암논을 죽였고 또한 그의 친아버지 다윗을 죽이려 하였으나 오히려 그가 죽은 것이다.

즉 압살롬은 하나님을 아는 자가 아니었다.
그가 하나님을 알았으면 이러한 짓을 하지도 않았을 것이다. 암논(압살롬의 배다른 형)이 설사 자신의 누이 다말을 강간하였더라도 그를 죽이기까지는 아니하였을 것이다. 그리고 또한 천륜을 또 한 번 어겨 아버지를 반역하고 그의 친아버지를 죽이려고 까지는 하지

도 않았을 것이다. 그러므로 그는 당연히 음부 즉 지옥에 떨어졌음이 분명했다.

하나님이 주신 십계명중에 제 5계명이 '네 부모를 공경하라' 이다. 그러나 압살롬은 부모를 공경은 커녕 죽이려 하였던 것이다. 죽이고 그 왕위를 자신이 차지하려고 했던 것이다. 다윗은 자신의 죄(우리야의 아내 밧세바를 강간하고 그 남편 우리야를 청부 살인하게 한 죄) 때문에 왜냐하면 그 죄로 인하여 하나님께서는 나단에게 네 집안에서 칼이 떠나지 아니하리라 하셨기 때문에 그것 때문에 압살롬이 죽었다는 사실보다도 물론 그렇게 하여 죽은 것이다. 그러나 그 사실에 대한 것보다도 오히려 자기 아들 압살롬이 하나님을 모르고 결국은 영원한 지옥에 떨어진 것에 대하여 더 슬피 울었다는 사실이 알아진 것이다.

사실이 그렇다. 이 세상에서는 다 죽는다. 그러나 압살롬이 자신보다 먼저 죽은 것에 대하여 슬퍼하였다기보다 자신의 죄 때문에 죽었다는 사실이 슬퍼서 울었다기보다 영생을 너무나 잘 알고 있는 다윗이 그 아들이 지옥에 간 것 때문에 더 슬피 울었다고 보는 것이 더 일리가 있는 것이다. 사람은 다 한번 죽는 것이므로 그 죽음에 대하여 그렇게 슬퍼하였다기보다도 말이다. 즉 다윗은 영원한 세상에 대하여 실패한 압살롬에 대하여 더 슬퍼하였다고 볼 수 있다.

다윗은 영생에 대하여 철저히 깨어 있는 자였다.
그러므로 다윗은 이 세상에서의 죽음 그 자체보다 저 세상에서 압살롬이 지옥갔을 생각을 하니 그는 정말 슬퍼하지 않을 수가 없었던 것이다.

그래서 자신의 아들 압살롬이 자신의 군사들과의 전쟁에서 패한다 할지라도 그 아들의 생명은 부지하여 달라고 자신의 군사들에게 당부하였던 것이다. 왜냐하면 그래도 그가 살아남으면 그 남은 인생에서 하나님을 알게 되어 저 영원한 세상에서 구원받을 기회가 있을 것이라는 아비의 마음이 아니었겠는가 하는 것이다.

다윗이 한 말들을 보면 그는 매우 영생에 대하여 깨어 있는 자였다.

[행 2:34-36]

34 다윗은 하늘에 올라가지 못하였으나 친히 말하여 가로되 주께서 내 주에게 말씀하시기를 35 내가 네 원수로 네 발등상 되게 하기까지 너는 내 우편에 앉았으라 하셨도다 하였으니 36 그런즉 이스라엘 온 집이 정녕 알지니 너희가 십자가에 못박은 이 예수를 하나님이 주와 그리스도가 되게 하셨느니라 하니라

또한 다윗은 믿는 자들의 이름이 생명책에 적혀 있다가 그것이 지워질 수도 있음도 알고 있었다.

[시편 69:27-28]

27 저희 죄악에 죄악을 더 정하사 주의 의에 들어오지 못하게 하소서 28 저희를 생명책에서 도말하사 의인과 함께 기록되게 마소서 저들을 생명책에서 도말하사 의인들과 함께 기록되지 말게 하소서

또한 다윗은 영생에서 우리의 기업이 무엇이 될지에 대하여도 철저히 잘 알고 있었다. 즉 영원한 곳에서의 자신의 기업이 하나님의 말씀을 지킨 것밖에 없다는 것을 알았다.

[시편 119:56]
내 소유는 이것이니 곧 주의 법도를 지킨 것이니이다

이렇게 영생에 대하여 철저히 깨어 있었던 다윗이 아들 압살롬이 하나님을 모르고 젊은 나이에 죽으니 그리고 그가 지옥에 갔을 것을 생각하니 얼마나 슬퍼했겠는가 하는 것이다. 그것도 그 죽음이 사실은 자신이 잘못한 것으로 말미암아 하나님의 징벌로 죽었으니 말이다. 즉 하나님을 모르고 일찍 생을 마감하였으니 그 얼마나 슬프고 슬펐겠는가 하는 것이다. 모든 것이 자신의 잘못 때문에 그렇게 되었다 생각하니 꺼이 꺼이 울 수밖에 없었을 것이다.

나는 그제서야 아하 그래서 다윗이 전쟁에서 이겼음에도 불구하고 지옥에 갔을 그의 아들에 대한 그의 슬픔이 그를 압도하였구나 알아졌고 아들 압살롬에 대한 그의 진정한 슬픔 그의 진정한 아픔이 이해가 되어졌다.

오 할렐루야. 주여 감사합니다. 다윗의 진정한 부모된 마음을 알게 하여주셔서...

14 구약편 3권
압살롬과 다윗을 통하여 하나님께서는 우리에게 집안의 원수가 붙는 이유를 알게 하여 주시다
(2019년 7월 9일)

아침에 여러 시간 기도 후에 천국에 올라갔다.
수레 바깥의 천사가 흰옷을 아래위로 입고 있었고 너무 기뻐하고 있었으며 함박웃음을 짓고 있었다. 그리고 '주님께서 나를 기다리신다' 하였다.
수레에 달린 열한 마리 말들도 차례로 내가 이름을 불러보았다. 오른쪽에서 왼쪽으로 온유, 충성, 지도, 사랑, 지혜, 인내, 승리, 소망, 믿음, 겸손, 찬양 순서였다. 그들의 목에는 황금 장식들이 보였다. 수레를 모는 천사는 흰옷을 입은 여성 천사처럼 보이고 그의 손에 하프를 가지고 연주하고 있었다. '와우~, 오늘 기쁜 일이 있겠구나!' 하는 생각이 들어왔다. 수레는 아주 희고 거의 직사각형의 높고 길게 우아하였고 그 우아한 바깥에 간혹 황금장식이 언뜻언뜻 보이는 아름답고도 고급스러워 보이는 수레였다. 이 수레가 즉시 연못가의 공중에 즉 바닥에서 약 15m 높이 위에 멈추어 섰다. 그리고 수레 입구에서 연못가 바닥까지 황금 계단이 즉시 생겼다.

나를 수레 바깥에서 주님께로 인도하는 분홍색 옷을 입은 두 천사가 있는데 이들은 날개도 분홍색이다. 이들이 나를 주님께로 인도하였고 주님께서는 나를 반가이 맞아주셨다. 그리고 주님께서는 나를 연못가에서 내 발과 손과 얼굴을 씻기셨다.

나는 마차에서 내려서 주님께로 갈 때부터 벌써 내 눈에는 눈물이 가득하였다. 주님은 내게 빨리 신을 신고 연못 위로 들어가라고 하셨다. 나는 오늘 노란 색깔의 꽃신을 신고 연못 위로 걸어 들어가 오른편 터널로 들어갔다. 오늘따라 황금으로 된 터널문이 잘 보였다. 나는 그것을 내 앞쪽으로 열고 내가 들어간 후에는 닫았다. 문은 동그란 황금문으로서 앞쪽으로 열리는 문이다.

터널 속의 물은 즉시 나를 다윗의 집 궁의 거실에다가 나를 데려다 놓았다.

거기는 벌써 주님께서 오셔서 긴 테이블의 머리에 앉아 계셨고 주님의 오른편으로 내가 앉았고 그리고 내 맞은편에 갑옷을 입은 다윗이 그리고 그 옆의 좌석에는 아비가일이 앉아 있었다. 다윗은 투구를 벗어서 테이블 위에 놓았는데 투구가 금과 은색깔이 어우러진 아주 아름다운 투구였다. 아비가일은 젊은 여인으로 아름다운 얼굴이었고 또한 다윗도 나이가 약 25세 정도밖에 안 되어 보이는 잘생긴 얼굴로 약간 달걀형 얼굴이었다.

그리고 내 앞에는 이미 성경책이 펴져 있었다.
나는 시편 6편에 대하여 질문하고 싶었다.

[시 6:1-10]

1 (다윗의 시, 영장으로 현악 스미닛에 맞춘 노래) 여호와여 주의 분으로 나를 견책하지 마옵시며 주의 진노로 나를 징계하지 마옵소서 2 여호와여

내가 수척하였사오니 긍휼히 여기소서 여호와여 나의 뼈가 떨리오니 나를 고치소서 3 나의 영혼도 심히 떨리나이다 여호와여 어느 때까지니이까 4 여호와여 돌아와 나의 영혼을 건지시며 주의 인자하심을 인하여 나를 구원하소서 5 사망 중에서는 주를 기억함이 없사오니 음부에서 주께 감사할 자 누구리이까 6 내가 탄식함으로 곤핍하여 밤마다 눈물로 내 침상을 띄우며 내 요를 적시나이다 7 내 눈이 근심을 인하여 쇠하며 내 모든 대적을 인하여 어두웠나이다 8 행악하는 너희는 다 나를 떠나라 여호와께서 내 곡성을 들으셨도다 9 여호와께서 내 간구를 들으셨음이여 여호와께서 내 기도를 받으시리로다 10 내 모든 원수가 부끄러움을 당하고 심히 떨이여 홀연히 부끄러워 물러가리로다

내가 시편 6편에 대하여 질문하고 싶다고 생각하자마자 다윗의 눈에는 눈물이 가득하게 고였다.

나는 먼저 주님을 바라보며 이렇게 질문하였다.
'주님, 다윗이 잘못한 것에 대하여 셋째 아들 압살롬에 의하여 첫째 아들 암논이 죽었고 그것으로 그치지 않고 왜 압살롬이 아버지까지 죽이려고 하는 그러한 상황까지 가게 되었습니까?' 하고 물었다. 나는 참으로 안타까워서 물은 것이다. 하나님의 진노가 그렇게까지 가야 했었나하는 생각도 있었다. 바로 이때에 주님께서 나에게 생각나게 하여주시는 성경 구절이 있었다. 그것은 마태복음에서 '원수가 네 집안 식구리라' 하는 성경 구절이었다.

[마 10:34-36]

34 내가 세상에 화평을 주러 온 줄로 생각지 말라 화평이 아니요 검을 주러 왔노라 35 내가 온 것은 사람이 그 아비와, 딸이 어미와, 며느리가 시

어미와 불화하게 하려 함이니 36 사람의 원수가 자기 집안 식구리라

그때 나에게 이러한 깨달음이 즉각 왔다. 즉 다윗도 이 성경 구절에서 말하는 것처럼 원수로 아들인 압살롬이 붙었다는 것이다. 그리하여 다윗은 압살롬 때문에 생전에 그렇게 해보지 못했던 회개, 즉 참 회개를 하게 되었다는 것이다. 주여!

다윗이 우리야의 아내 밧세바를 강간하고 또한 그녀의 남편 우리야를 살인한 후에 하나님이 보낸 선지자 나단이 와서 다윗왕이 하나님앞에 잘못하였다고 하였을 때에 그 내용을 보면 그는 자신의 잘못을 깨닫기는 하였으나 그러나 그렇게 하나님께서 만족하실만한 충분한 회개를 한 것으로 나타나지는 않는다.

다음은 그 내용이다.

[삼하 12:1-15]

1 여호와께서 나단을 다윗에게 보내시니 와서 저에게 이르되 한 성에 두 사람이 있는데 하나는 부하고 하나는 가난하니 2 그 부한 자는 양과 소가 심히 많으나 3 가난한 자는 아무 것도 없고 자기가 사서 기르는 작은 암양 새끼 하나 뿐이라 그 암양 새끼는 저와 저의 자식과 함께 있어 자라며 저의 먹는 것을 먹으며 저의 잔에서 마시며 저의 품에 누우므로 저에게는 딸처럼 되었거늘 4 어떤 행인이 그 부자에게 오매 부자가 자기의 양과 소를 아껴 자기에게 온 행인을 위하여 잡지 아니하고 가난한 사람의 양 새끼를 빼앗아다가 자기에게 온 사람을 위하여 잡았나이다 5 다윗이 그 사람을 크게 노하여 나단에게 이르되 여호와의 사심을 가리켜 맹세하노니 이 일을 행한 사람은 마땅히 죽을 자라 6 저가 불쌍히 여기지 않고 이 일을 행

하였으니 그 양 새끼를 사배나 갚아 주어야 하리라 7 나단이 다윗에게 이르되 당신이 그 사람이라 이스라엘의 하나님 여호와께서 이처럼 이르시기를 내가 너로 이스라엘 왕을 삼기 위하여 네게 기름을 붓고 너를 사울의 손에서 구원하고 8 네 주인의 집을 네게 주고 네 주인의 처들을 네 품에 두고 이스라엘과 유다 족속을 네게 맡겼느니라 만일 그것이 부족하였을 것 같으면 내가 네게 이것 저것을 더 주었으리라 9 그러한데 어찌하여 네가 여호와의 말씀을 업신여기고 나 보기에 악을 행하였느뇨 네가 칼로 헷 사람 우리아를 죽이되 암몬 자손의 칼로 죽이고 그 처를 빼앗아 네 처를 삼았도다 10 이제 네가 나를 업신여기고 헷 사람 우리아의 처를 빼앗아 네 처를 삼았은즉 칼이 네 집에 영영히 떠나지 아니하리라 하셨고 11 여호와께서 또 이처럼 이르시기를 내가 네 집에 재화를 일으키고 내가 네 처들을 가져 네 눈앞에서 다른 사람에게 주리니 그 사람이 네 처들로 더불어 백주에 동침하리라 12 너는 은밀히 행하였으나 나는 이스라엘 무리 앞 백주에 이 일을 행하리라 하셨나이다 13 다윗이 나단에게 이르되 내가 여호와께 죄를 범하였노라 하매 나단이 다윗에게 대답하되 여호와께서도 당신의 죄를 사하셨나니 당신이 죽지 아니하려니와 14 이 일로 인하여 여호와의 원수로 크게 훼방할 거리를 얻게 하였으니 당신의 낳은 아이가 정녕 죽으리이다 하고 15 나단이 자기 집으로 돌아가니라 우리아의 처가 다윗에게 낳은 아이를 여호와께서 치시매 심히 앓는지라

즉 다윗은 이렇게 하나님께서 나단 선지자를 자신에게 보내어 자신의 죄를 깨우치게 한 때에도 그리고 압살롬이 암논을 죽였을 때에도 그는 하나님 앞에서 자신의 죄를 깊이 있게 회개하지 않은 것으로 보인다.

그러나 하나님께서 그렇게 하여도 다윗이 철저히 회개를 안 하니까 이제는 마지막 방법 즉 아들이 아버지를 죽이려 하는 이러한 사건

을 만들어서 다윗에게서 참 회개를 받으시려 하였던 것이다.
주여~~~
즉 시편 6편에 보면 살이 떨릴 정도로 다윗의 원수로 집안의 원수인 셋째 아들 압살롬이 붙은 것이었다.

그때에야 그는 자신의 잘못을 깊이 깨닫고 회개다운 회개를 주님 앞에서 눈물로 눈물로 회개하였던 것이다.

그래서 다윗은 시편 6편에 6절에서부터 10절에까지 이렇게 말한다.

[시편 6:6-10]

6 내가 탄식함으로 곤핍하여 밤마다 눈물로 내 침상을 띄우며 내 요를 적시나이다 7 내 눈이 근심을 인하여 쇠하며 내 모든 대적을 인하여 어두웠나이다 8 행악하는 너희는 다 나를 떠나라 여호와께서 내 곡성을 들으셨도다 9 여호와께서 내 간구를 들으셨음이여 여호와께서 내 기도를 받으시리로다 10 내 모든 원수가 부끄러움을 당하고 심히 떨이여 홀연히 부끄러워 물러가리로다

즉 다윗이 밧세바를 강간하고 우리야를 죽인 것에 대한 참 회개가 하나님께서 집안의 원수로 아들 압살롬을 다윗에게 붙였을 때 일어난 것이다.
할렐루야.

그러므로 우리는 하나님께서는 왜 우리에게 집안 식구들을 원수로 붙이시는 이유를 알아야 한다.

우리 주님은 마태복음 10장 34-36절에서

34 내가 세상에 화평을 주러 온 줄로 생각지 말라 화평이 아니요 검을 주러 왔노라 35 내가 온 것은 사람이 그 아비와, 딸이 어미와, 며느리가 시어미와 불화하게 하려 함이니 36 사람의 원수가 자기 집안 식구리라

라고 말씀하신다.
즉 주님께서는 우리에게 평강이 아니라 칼을 주러 왔다고 하시면서 우리의 집안 식구가 원수가 되리라고 말씀하셨다.

주님은 왜 우리에게 집안 식구를 원수로 붙이실까?
그것은 하나님께서 우리의 잘못을 깨닫게 해주셔서 참 회개를 시키시기 위한 것이라는 것을 알 수 있다. 즉 우리에게 원수를 붙여서 하나님의 뜻을 행하게 하시고자 하는 목적이 있으신 것이다.
아멘.

즉 하나님께서는 우리에게 원수가 된 그 사람을 미워하게 하는 것이 목적이 아니시고 그 원수를 통하여 자신의 잘못을 보고 그 잘못한 것에 대한 철저한 회개를 원하시는 것이다. 할렐루야.
그래서 다윗은 압살롬이 자신을 배반하고 자신을 죽이려 하였을 때에 철저한 회개가 터졌다. 그래서 다윗은 시편 6장 6절에서 자신이 눈물로 자신의 침상을 띄우고 요를 적신다라고 표현하고 있는 것이다. 할렐루야.
이러한 참 회개의 모습을 주님께서는 우리에게도 원하시는 것이 아닌가 생각한다.

그리하여 다윗은 내게 그다음에 이렇게 알게 하여 주었다.
자신의 그러한 참 회개 후에는 다시는 그러한 죄(남의 아내를 간음하는 죄)를 짓지 않았다는 것이다.

그래서 이러한 것은 그가 그의 노년에 붙여진 처녀 아비삭을 건드리지 아니한 것으로도 나타났다고 볼 수 있다.

[왕상 1:1-4]

1 다윗 왕이 나이 많아 늙으니 이불을 덮어도 따뜻하지 아니한지라 2 그 신복들이 왕께 고하되 우리 주 왕을 위하여 젊은 처녀 하나를 구하여 저로 왕을 모셔 봉양하고 왕의 품에 누워 우리 주 왕으로 따뜻하시게 하리이다 하고 3 이스라엘 사방 경내에 아리따운 동녀를 구하다가 수넴 여자 아비삭을 얻어 왕께 데려왔으니 4 이 동녀는 심히 아리따운 자라 저가 왕을 봉양하며 수종하였으나 왕이 더불어 동침하지 아니하였더라

그 다음에는 나는 내 눈에 눈물이 가득 고였다.

그러면서 나는 다윗에게 묻듯이 말했다.
'그런데 그 압살롬은 지금 지옥에 있지 아니하냐고?' 그렇게 말하자 곧 내 눈에 머리가 긴 압살롬이 지옥에서 고통당하고 있는 것이 보였다. 다윗의 눈에도 이미 눈물이 가득한 것이 보였다.

그렇다. 압살롬은 지금 지옥에 있다.
그는 지옥에서 불가운데서 고통당하고 있는 것이다.

그런데 오늘 주님이 나에게 알려주신 것은 주님은 우리를 사랑하셔서 집 안에 있는 원수를 우리에게 붙이셔서 괴롭게 하시는데 그 이유가 우리로 하여금 우리의 죄에 대하여 회개케하기 위함이라는 것을 알게 하여 주신 것이다. 물론 참된 회개가 터지면 그 다음에 다시는 그러한 죄를 짓지 않게 될 것이다. 하나님께서는 그렇게 우리에게 원수를 붙여서 우리의 죄를 회개시키고자 하는 그리하여 우리의 잘못을 되돌이키시려고 하는 목적이 있으신 것이다. 그러나 그 원수 때문에 받는 자체는 우리가 지은 죄에 대한 댓가라는 것이 함께 알아졌다.
할렐루야.
우리를 징계하시는 주님을 찬양합니다. 그리하여 잘못된 길에서 우리에게 원수를 붙여서 고침받게 하시는 하나님을 찬양합니다.

[히 12:11]
무릇 징계가 당시에는 즐거워 보이지 않고 슬퍼 보이나 후에 그로 말미암아 연달한 자에게는 의의 평강한 열매를 맺나니

또한 성경은 아비가 징계하지 않는 자는 사생자라고까지 말했다.
사랑하기 때문에 어쩔 수 없이 징계할 수 밖에 없는 것이다.

[히 12:5-10]
5 또 아들들에게 권하는 것같이 너희에게 권면하신 말씀을 잊었도다 일렀으되 내 아들아 주의 징계하심을 경히 여기지 말며 그에게 꾸지람을 받을

때에 낙심하지 말라 6 주께서 그 사랑하시는 자를 징계하시고 그의 받으시는 아들마다 채찍질하심이니라 하였으니 7 너희가 참음은 징계를 받기 위함이라 하나님이 아들과 같이 너희를 대우하시나니 어찌 아비가 징계하지 않는 아들이 있으리요 8 징계는 다 받는 것이거늘 너희에게 없으면 사생자요 참 아들이 아니니라 9 또 우리 육체의 아버지가 우리를 징계하여도 공경하였거든 하물며 모든 영의 아버지께 더욱 복종하여 살려 하지 않겠느냐 10 저희는 잠시 자기의 뜻대로 우리를 징계하였거니와 오직 하나님은 우리의 유익을 위하여 그의 거룩하심에 참예케 하시느니라

그래서 하나님께서 자식이 잘못하더라도 징계를 받지 않는 자는 친자가 아니라 사생자라는 것이다. 할렐루야.
즉 친자는 징계를 받아야 한다는 것이다. 할렐루야.
왜? 우리가 고침을 받아야 하니까... 아멘.

그리하여 우리에게 원수를 붙이시고 또한 우리를 징계하셔서 우리의 잘못을 고치시는 하나님을 찬양합니다.

그리고 나는 여기서 다시 한번 다윗왕이 아들 압살롬이 반역하여 요압 장군에게 죽임을 당하였을 때에 자신이 전쟁에서 승리한 것보다 아들 압살롬의 죽음에 대하여 더 슬퍼하였던 이유에 대하여 한 번 더 생각을 해본다.
아들 압살롬은 다윗왕의 셋째 아들이다. 자신의 잘못으로 즉 밧세바를 강간하고 우리야를 전쟁터에서 죽인 잘못으로 하나님이 보내신 나단 선지자의 말대로 그 집안에 칼이 끊이지 아니하리라한 말씀이 이루어지는데 아들 압살롬이 하나님께 쓰임 받은 것이다. 그

가 누이 다말을 강간한 암논 첫 형을 죽였을 뿐 아니라 왕위를 빼앗기 위하여 다윗 왕에게 반기를 들었다. 그리고는 죽었다. 여기서 다윗왕은 아들 압살롬이 자신의 죄 때문에 그렇게 악하게 쓰임 받은 것에 대하여 미안하고 슬프기도 하지만 그 아들 압살롬이 자신에게 반역함으로 말미암아 자신의 생명이 아들 때문에 위태롭게 되면서 그는 그 이전의 밧세바에 대한 강간과 우리야를 살인한 것에 대한 참 회개가 터졌던 것이다. 즉 압살롬은 하나님의 말씀을 이루는데 쓰임 받은 악한 도구로 쓰임 받았을 뿐 아니라 다윗 왕을 참으로 회개시키는데도 쓰임 받은 것이다. 그것도 악한 도구로 쓰임 받음으로 말미암아. 그런데다가 다윗 왕은 이 압살롬이 그렇게 악한 도구로 쓰임만 받다가 죽어서 하나님을 모르고 죽어서 지옥에 간 것을 알게 되었다. 그러므로 그의 슬픔은 정말 하늘을 찌를 것같이 아팠던 것이다.

이것을 누가 알겠는가?

우리는 단순히 다윗 왕이 압살롬에 대하여 슬퍼한 것은 그의 아들이기 때문에 자신의 죄 때문에 죽었기 때문이라고 생각하는 것은 정말 육신을 가진 우리의 단순 세포적인 생각이다. 영적 거장인 다윗은 그것보다 그렇다. 자신의 죄 때문에 악한 도구로만 쓰임 받다가 자신을 참으로 회개시키는 도구로 쓰임 받다가 결국은 영원한 불못으로 간 압살롬 때문에 그는 그의 슬픔을 제지할 수가 없었던 것이다. 전쟁에서의 승리는 사실 안중에도 없었던 것이다. 이것은 아버지로서 이해가 가는 부분이다.

할렐루야. 다윗 왕이 왜 그렇게 아들 압살롬의 죽음에 대하여 그렇게 슬퍼하였는가를 밝혀주시는 하나님을 찬양합니다.

15 구약편 3권
주님께서 나에게 '너는 나를 따르라'는 의미로 내 두 발에도 구멍을 뚫어주시다.

(2019년 11월 4일)

나는 한국에 집회를 한 달간 또 다른 나라 선교지역에서 한 달간 집회를 한 후에 10월 19일날 미국으로 돌아왔다. 그리하여 그동안 집회기간 동안 바빠서 기도하지 못한 것 때문에 다시 기도의 삶을 찾으려고 무진장 노력했다.

오늘도 아침부터 기도를 여러 시간을 하였고 그런 후에 오후에 일을 보고 또 저녁에 앉아서 기도를 2-3시간 한 후에야 겨우 나는 하나님의 은혜로 천국을 올라가게 되었다.

나를 데리러 온 수레 바깥에서 나를 인도하는 천사는 깨끗한 흰옷을 아래위로 입었는데 어쩐지 앞머리 쪽 이마에다가 황금으로 된 뺏치가 붙여진 것처럼 보였다.
꼭 황금으로 도금한 것 같은 색깔이 머리 앞쪽과 옆쪽에서 보였다.
그리고 열 한 마리의 말들이 마차를 끌고 왔는데 그들의 머리에도 이러한 황금으로 도배한 것 같은 색깔들이 조금씩 보였다.
나는 혹시나 하여 수레를 모는 여성 천사처럼 보이는 그 천사를 바라보았더니 그에게도 역시나 그러한 황금색이 보였다.

그런 후에 나를 데리러 온 수레를 보았더니 역시 아름다운 하얀 수레에 이러한 황금으로 도배한 것 같은 색깔들이 군데군데 장식이 되어 있는 참으로 아름다운 수레였다. 할렐루야.
나는 그 수레에 즉시 올라탔다.
수레 안에는 세 명의 천사가 나란히 서서 나를 맞아주고 있었다.
맨 먼저 나를 맞이하는 천사는 흰옷 입은 천사로 보통 사람의 키보다 훨씬 큰 키를 가진 8-9피트(240cm - 270cm)나 되는 천사였고 그 옆에 서 있는 천사는 키가 보통 사람 키만한 천사로 이 두 천사들은 다 하얀 옷에 하얀 날개를 가지고 있었다. 그리고 이 두 천사들은 다 남성 천사들처럼 보였다.
그런데 그 다음 옆에선 천사는 여성처럼 보이는 천사로 쌍커풀이 진 동안의 동그란 모양의 얼굴을 가진 천사였다. 이 천사는 전체적으로 분홍색과 주황색의 중간색깔이 나는 그러한 옷과 얼굴과 머리와 날개를 가지고 있었다. 그래서 얼굴 몸 날개 전체가 다 분홍색으로 보이는 천사였다. 이 천사는 내가 들어가자 수레 안에 놓여있는 테이블 위의 두꺼운 쑥색깔의 구약 책을 집어서 내 손에 쥐어 주었다. 즉 이 천사의 역할은 내게 빨리 이 구약에 대한 책(쑥색깔의 두꺼운 책)을 써야 한다는 사실을 자꾸만 기억하게 하는 역할을 맡은 것 같았다. 나는 그 책을 들고 수레 안에 있는 내 자리에 와서 앉았다. 그리고 나는 그 책을 내 앞에 있는 다이닝 테이블 위에 놓았다.
그리하였더니 수레 바깥에서 나를 인도하는 천사가 수레 안에서 일어나는 모든 일을 투시하듯 알고 있는 것 같이 말하기를 내가 그 책을 다이닝 테이블에 놓고 내 자리에 앉으니까 하는 말이 '주인님 이제 올라갑니다'라고 말한 것이다. 그 천사는 분명 수레 바깥에 있건만 수레 안에서 일어나는 일을 다 알고 있는 듯 보였다.

그러자 나를 태운 수레는 천국 문을 통하여 급속히 올라갔다.
그리고 수레는 즉시 연못가의 공중 위에 떴다. 오늘은 수레가 늘 연못가에 도착하면 일정한 높이 위 (지상에서 약 15m 위) 공중에 떠 있는데 오늘은 늘 도착하는 공중의 높이보다 훨씬 더 높은데서 멈추었다.
그리고서는 이 수레가 연못 위 공중에 멈추더니 거기서 더 아름답게 장식이 금방 되더니 땅에 사뿐하게 내려앉는 것이었다. 와우~
나는 수레 바깥에서 분홍색 옷을 입은 두 여성 천사처럼 보이는 천사들에 의하여 두 손이 잡혀져서 주님께로 인도함을 받고 있었다.

주님께서는 나를 연못가에서 기다리고 계셨다.
나는 고개를 들 수가 없었다. 나는 똑바로 주님을 바라볼 수가 없었다. 왜냐하면 너무 오랜만에 보는 주님이시기에 주여! 주님의 얼굴을 보기가 너무 과분하였던 것이다.
나는 눈을 주님으로부터 떼고서는 울었다. 아니 울고 있었다.
너무나 반갑고 또 죄송스러워서...
주님은 나를 맞아주시면서
나를 벤치에 앉게 하시고 내 두 발을 생명수가 담긴 세숫대야 같은 곳에 담그시고 씻기시기 시작하셨다.
앗! 그런데 세숫대야 같이 생긴 곳에 내 두 발이 담겨 있었고 내 두 발에는 내 두 손에 뚫려 있는 것 같은 동전 크기의 구멍이 두 발에 다 뚫려 있는 것이었다.

'와우~ 언제 내 발에 이러한 구명이 뚫려 있었지?'하고 나는 놀랄 수밖에 없었다.

'아니 언제?'

그리고 그 뚫린 두 발의 구명에서 피가 나와 대야 속의 생명수와 섞이고 있었다.

'와우~'

나에게는 놀람의 연속이었다.

'아니 내 두 발에 구명이 뚫려 있다니?'

나는 이전에는 내 두 발에는 구명이 뚫려 있지 않았었다. 단지 내 두 손에만 내 두 손바닥에만 이러한 구명이 뚫려져 있었다. 나는 주님께 이렇게 마음으로 물었다.

'아니 주님 제 발에 왠 구명입니까?'라고

그리하였더니 주님이 이렇게 말씀하시는 것이 알아졌다.

'이제 때가 되었느니라'

이 말씀은 나에게

'이제 네가 더 많은 핍박을 받을 때가 되었느니라'하는 말씀으로 이해가 되어졌다.

'와우~~'

나는 내 손에 구명이 뚫렸다. 물론 하나님께서 뚫어주신 것이다. 그러나 주님과 나와 다른 점은 내 발에는 구명이 없으나 주님에게는 발에 못이 뚫린 구명이 있다는 사실이었다. 그래서 나는 '그래 맞아 나는 결코 주님과 같이 될 수 없어. 나는 그러한 존재야. 주님과는 정말 비교가 안 되는 존재야'라고 하면서 안심이 되었었는데 아니 이제는 내 발에도 주님과 같이 구명이 뚫린 것이 보이다니…

아~ 정말 나는 받아들이기 힘들었다.
'왜 내가 주님과 똑같이 손바닥과 발에 구멍이 뚫려야 하는지...'

그러나 결국은 주님은 어떠한 핍박이 있더라도 '나를 따르라' 하는 말씀을 이렇게 내 두 손과 내 두 발에 구멍을 뚫어주심으로 말씀하고 있다는 사실을 알게 된 것이다. 주여~~~

그리고 또한 주님께서 오늘 나를 연못가에 데려오신 것은 이렇게 '이제 너의 두발에도 구멍이 뚫려졌느니라' 하는 것을 알게 하시려고 한 것을 알게 하셨다.
'주여~~ 명심하겠나이다.'

16 구약편 3권
구약에 대한 책(구약편 1권: 여호수아와 사사기)을 빨리 내지 않는 것에 대하여 주님이 화를 많이 내시다. 그리고 천국 컨벤션 센터에서 나를 환영하던 무리들이 한 명도 없다.

(2019년 11월 16일)

최근에 나는 자주 수레 바깥에서 나를 수호하는 천사가 자꾸만 가느다란 피리, 즉 지름이 1cm도 안 되고 길이는 약 30~40cm 정도

되는 피리를 가지고 나타나는 것을 보았다. 나는 왜 저 천사가 저러한 피리를 갖고 나타나지? 하고 궁금해 했다. 그 피리의 색깔은 옅은 고동색에 가까웠고 피리는 전체에 걸쳐서 약 5개 정도의 마디들이 있어 보였다. 그런데 내게 느껴지는 것은 이 피리는 좋아서 부는 피리가 아니라 무엇인가 슬퍼서 부는 피리 같아 보였다.

수레는 보통 때와 같이 나를 연못가에 내려놓았다.
나는 주님 앞에 엎드렸다.
주님은 나를 일으켜 세우시더니 벤치에 앉게 하셨는데 나는 그 후에 늘 그러했듯이 주님께서 내 발을 씻겨주시는 줄 알았다. 그런데 천사가 세숫대야에 생명수를 담아가지고 와서 내 발밑에 놓았을 때에 주님이 말씀하셨다.
"네가 씻거라" 즉 내 발을 나보고 씻으라는 말씀이셨다.
나는 물론 그렇게 하는 것이 맞다라고 생각했다. 주님께서 늘 내 발을 씻겨주시는 것에 대하여 황송한 마음을 금할 길이 없었다. 그런데 한 번도 한 번도 이렇게 나에게 주님께서 씻으라고 하신 적이 없고 언제나 손수 내 발을 씻어주셨는데 오늘은 이상하게 나보고 직접 내 발을 씻으라고 하셨다.
나는 내가 생각하기에 '한 번도 그러신 적이 없었는데…' 하면서 어쩐지 좀 이상하다고 생각이 들면서 그러나 나는 당연하다고 생각하면서 '주님 그래야지요' 하면서 나는 내 두 발을 직접 씻었다.
그리고 그 다음 천사가 생명수를 담아서 가져온 대야에 내 두 손을 씻었다.
보통 때는 주님이 씻겨주셨으나 오늘은 내가 내 두 발과 두 손을 다 씻었다.

그리고 그 다음에는 내 얼굴도 내가 씻었다. 물론 이 얼굴도 주님이 늘 씻겨주셨었다. 그러고 나서 천사가 생명수 담은 긴 항아리를 가져오더니 내 머리 위로 붓는 것이었다. 그리하여 내 몸 전체가 씻겨 생명수로 내려갔다.

그런 후에 주님께서는 나를 어딘가로 데리고 가셨는데 나를 컨벤션 센터에 데리고 가셨다.

주님과 내가 무대에 서 있었고 나는 지옥 책을 들고 서 있었다.

그런데 너무나 놀라운 것은 그 컨벤션 센터에 늘 있던 흰옷 입은 무리가 아무도 없다는 것이었다. 컨벤션 센터의 계단들이 아무도 없이 깨끗이 비워져 있었다.

주여! '아니 이 곳에 아무도 없다니!'

너무나 쇼킹하였다. 한 번도 이런 적이 없었다.

이전에는 여기만 오면 늘 흰 옷입은 무리가 가득가득 차 있어서 늘 주님과 나를 환영하여 주었었고 박수까지 쳐주고 하였었는데 오늘 이 컨벤션 센터에는 아무도 없는 것이었다.

'오~ 주님 이것이 무슨 일인지요?'

오직 주님과 나만 무대에 서 있었다. 도대체 이 일이 무슨 일인가 하면서 궁금해 하였다. 여지껏 이런 일이 없었다.

나는 웬일일까 하고 생각하고 있는데 주님께서는 나에게 왜 그런지에 대한 이유를 생각으로 알게 하여 주셨다.

그것은 내가 구약에 대한 책을 빨리 안 쓰고 있어서 컨벤션 센터에 늘 있던 흰옷 입은 무리가 이렇게 컨벤션 센터에 아무도 없음을 보여줌으로써 그 유감을 그렇게 표현하고 있다는 사실을 알게 된 것이다. 즉 그들의 슬픔을 이렇게 표현하였다는 것이다.
나를 맞아주지 아니하는...
나는 말했다.
'주여! 제가 잘못했습니다. 어떻게든 빨리 쓰도록 노력하겠습니다'
하고 나는 내려왔다.

정말 이런 일은 처음이었다.
컨벤션 센터에서 아예 흰옷 입은 무리들이 자리를 비움으로 말미암아 아예 나를 반겨주지 아니하는 것이다. 그 이유가 내가 구약 책을 빨리 안 쓴다는 것이다. 그만큼 주님께서 원하신다는 것을 이렇게 천국에서 나에게 표현되었다.

'주여 용서하여 주시옵소서...'

그러고 나서야 나는 내가 천국에 올라올 때에 나를 수레 바깥에서 수호하는 천사가 슬픈 느낌이 나는 피리를 가지고 있었던 그것이 이해가 되어졌다.
그리고 오늘 주님께서 나에게 내 두 발과 두 손을 씻으라고 하신 그 이유를 알게 되었다. 늘 주님이 손수 내 발과 손, 그리고 얼굴을 항상 씻겨 주셨었는데...
그리고 컨벤션 센터에 가면 늘 나를 환영해주던 흰옷 입은 무리들이 한 명도 없었다는 사실, 이 모든 것은 내가 구약에 대한 책을 빨리 안 쓰고 있는 것에 대한 주님의 책망과 함께 흰옷 입은 무리들과 천사들의 슬픔과 안타까움 그리고 서운함의 그 모든 것을 나타내고 있었던 것이다.
할렐루야. 주님을 찬양합니다. 주님의 뜻을 이렇게 또 밝혀주셔서…
얼마나 주님께서 내가 구약에 대한 책을 빨리 쓰기를 원하시는지를 이제야 알게 되었습니다. 감사합니다.

 구약편 3권

모세가 내 두 손에 왜 구멍이 뚫려 있는지에 대한 정확한 이유를 말해주다.

(2019년 11월 19일)

아침에 기도한 후에 천국에 올라가게 되었다.
수레 바깥에서 나를 인도하는 천사가 내게 이렇게 말했다.
"모든 것이 준비되어 있어요."
그리고서는 그는 한마디를 더 했다.
"우리가 주인님을 모시는 것이 즐거워요"
나는 즉시 수레를 타고 천국으로 올라갔는데 수레는 나를 연못가에 내려놓았다.
주님께서는 연못가에서 기다리고 계셨다. 나는 수레에서 내려 내가 써야 할 구약책(이 구약책은 내가 쓴 책이 아니라 내가 앞으로 구약에 대하여 써야 할 책을 이렇게 보여주시는 것이었다.)을 든 채로 주님께로 갔다. 주님은 나를 데리고 어디로 가셨다.

그곳은 모세의 궁이었다. 모세의 궁은 성막 구조로 되어 있다. 즉 뜰, 성소, 지성소의 모양을 갖고 있는데 이 뜰은 내가 광장으로 표현하고 있다.

이 광장에 직사각형의 테이블이 하나 놓여져 있고 주님께서 테이블 머리에 앉으시고 나는 주님의 왼편 테이블 쪽에, 모세는 주님의 오른편 테이블 쪽에 앉았다.

모세는 내가 두 손을 테이블 위에 올려놓기를 원했다.

그래서 나는 두 손을 그 두 손바닥을 테이블에 댄 채로 올려 놓았다.

그 나의 두 손에는 구멍이 뚫려져 있었다.

그러자 모세가 내 두 손에 왜 구멍이 뚫려 있는지를 내게 말해주는 것이었다.

주여~~~

모세는 내 두 손에 구멍이 뚫려 있는 것은 주님이 내게 명령한 것을 어떤 핍박이 있더라도 반드시 지키겠다고 하는 약속이라는 것이다.

'와우~ 그런 뜻이 있었구나!'

나는 여태껏 내 두 손에 구멍이 뚫려 있는 것을 보면서도 왜? 라는 질문을 심각하게 해 보지 않았다. 그런데 오늘 모세가 내 손에 구멍이 뚫려져 있는 정확한 이유를 내게 설명하여 준 것이다.

모세는 이렇게 가르쳐주면서 내가 구약에 대한 책을 빨리 쓰지 않는 것에 대한 책망을 하는 것이었다. 아니 그것이 알아졌다.

즉 내가 내 두 손의 두 구멍을 보면서 구약편을 빨리 안 쓰고 있다는 것은 내 두 손에 나 있는 구멍을 욕되게 하는 것이라는 것을 알게 하여 주었다.
주여~~~
'아하~ 정말 그렇구나 그러한 뜻이 있구나. 말이 되네...'
즉 그렇게 두 손에 두 구멍이 나 있는 이유는 내가 이제부터 어떠한 핍박이 있다할지라도 주님이 내게 주신 소명과 사명 그리고 외치라고 하신 것들, 펴 내라고 한 책들, 인사역을 하라는 것들 즉 이 모든 것을 다 해내야 한다는 것을 말하고 있다는 것이다.
할렐루야.
'네 주님 잘 알겠습니다. 그렇게 하겠습니다.'
라고 나는 모세의 궁에서 주님 앞에 그 결심을 보여 드렸다.

그런 후에 나는 주님께 질문을 하나를 더 했다.
'주님 왜 저에게 모세와 함께 구약을 쓰라 하셨습니까?'
그렇게 질문한 이유는 때로는 내가 믿음의 선진을 천국에서 만날 때 보면 그 믿음의 선진만 천국에서 보이지 모세는 안 나타나는 경우들이 제법 많았기 때문이다.
그래서 물어 보았다.
그랬더니 주님께서는 그 답을 내게 생각으로 알게 하셨다.
즉 '모세는 내가 구약을 쓰는 데서 전체적으로 감독을 한다'는 것이다. '아하 그렇구나!...'
감독의 역할은 지상에서도 감독은 노동자들에게 일만 시켜놓고 잘 안 나타나는 경우가 제법 있다. 모세가 그러한 감독의 역할을 한다

는 것이다. '아하 그렇구나~~~'
할렐루야.
그리고 나는 천국을 내려오게 되었다.

할렐루야. 오늘에야 나는 내 손에 왜 구멍이 뚫려 있는지에 대한 더 정확한 이유를 모세를 통하여 알게 되었다.

18 구약편 3권
2020년 6월 15일
(1) 주님께서 나에게 '내가 너로라' 하는 말을 황금으로 된 두루마리에 써 주시고 그 뜻을 알게 하시다.
(2) 이사야가 주님이 보여주신 환상 때문에 아마겟돈 전쟁을 예언할 수 있었다는 것을 알게 하여 주다.

아침에 기도 시간에 주님께서는 두 가지 말씀을 내게 하셨다.

1. 세계가 '내가 너와 함께함'을 알게 될 것이다.
이 말씀은 이전에도 내가 기도할 때에 자주 하신 말씀이었다.
이 말씀을 들을 때마다 나는 너무 황송해 했었다.
'이 어찌 자격도 없는 나에게 하나님께서 이런 말씀을 주실까?' 하고 황송하고 또 황송했다.

이는 아마도 내가 쓴 책들을 통하여 전 세계가 천국과 지옥에 대하여 깨어나고 성경의 말씀이 정말로 진실이며 또한 믿는 자들이 제대로 믿도록(행함이 따르는) 하는 일들이 일어나는 것을 즉 주님이 쓰라 하여 내가 쓴 책들을 읽는 자들의 참 회개가 일어날 것을 말씀하시는 것이 아닌가 하는 생각이 들어왔다. 사실 나는 그렇게만 되면 너무 좋겠다. 왜냐하면 주님께서 나에게 천국과 지옥을 보여주시면서 책을 쓰게 하신 목적이 바로 그것이니까 말이다.

할렐루야.

2. 두 번째는 주님께서는 두 번이나 기도속에서 이러한 말씀을 주셨다.

'내가 너가 될 것이다.'

언뜻 들으면 나 자신도 이 말씀이 무슨 말인지를 잘 모르겠다.

기도 속에서 그런 말씀을 하신다.

'아니 주님이 내가 된다니?' '도대체 이 말씀이 무슨 말씀일까?' 하는 질문을 가지면서 나는 계속 기도하였다. 그러면서 알아지는 것이 그렇다. 주님이 내게 온전히 들어오셔서 나를 온전히 주장하시겠다는 의미로 알아졌다. '아휴 정말 그렇게만 하여 주시면 너무 좋겠다'는 생각이 들어왔다.

그리고서 계속 기도를 하고 있는데 온몸에 기운이 쫙 빠지면서 옆에 시온 천사가 와 있는 것이 영으로 알아졌다.

그는 이미 핀셋에 하얀 쌀과자(동전같이 생긴)를 준비하고 있었다. 나보고 그것을 먹으라는 것이다. 그리하여 나는 그가 내 입에 그것을 넣어주는 것을 먹었다. 입 안에서 그 쌀과자는 녹아 내리는 것 같았고 나는 그것을 꿀꺽 삼켰다.

그리하였더니 내 앞에 즉시 영계가 열렸고 계단 위에 오늘따라 몸이 아주 크신 주님이 흰 겉옷을 입으시고 나보고 올라오라고 하셨다. 나는 7-8세의 어린아이의 모습으로 무릎까지 내려오는 하얀 원피스를 입고 그 계단으로 가서 주님의 오른손을 잡았다. 그리하였더니 주님께서는 나를 계단 끝까지 데리고 올라가시더니 주님께서는 주님의 보좌로 가시기 위하여 즉시 사라지셨고 나는 나 혼자 그 계단 끝에서 다시 숙녀의 모습으로 변하는 것을 보았다. (나는 아직 이것에 대하여 잘 모른다. 왜 계단을 올라갈 때에는 7-8세의 어린아이로 보이다가 계단 끝에 올라서서는 그렇게 숙녀로 변하는지...). 계단 끝에서 나는 하얀 아름다운 드레스를 입은 숙녀로 변하였는데 그 계단 끝 위에는 전체적으로 분홍색 옷을 입고 또한 분홍색깔의 두 날개를 가진 두 여성 천사들처럼 보이는 천사들이 나를 수종하기 위하여 그 계단 끝에서 나를 맞이해 주고 있었다. 이들이 누구냐면 보통 내가 수레를 타고 천국에 도착하면 수레에서 내가 내릴 때에 나를 수종하여 주님께로 인도하는 두 천사들이었다. 그런데 오늘은 내가 계단 끝 위에 서니 이들이 수레 바깥이 아니라 그 계단 끝 위에서 나를 기다리고 있었던 것이다. 그래서 그들은 거기서 다시 나를 시중들었다. 오늘따라 이들의 드레스가 아주 자세히 보였는데 그들이 입은 드레스는 분홍색 드레스로 허리 밑으로는 넓게 둥글게 퍼지는 드레스였다. 나는 그 계단 끝 위에서 주님의 보좌 앞으로 걸어가야 했고 내 눈에는 벌써 눈물이 흘러내리고 있었다. 왜냐하면 내 사랑하는 주님을 정말 오랜만에 만난다는 사실 앞에서 눈물이 흘러내렸다.
그리고 내가 주님의 보좌 앞으로 걸어갈 때에 양옆으로 흰옷을 입은 두 날개가 달린 천사들이 쭉 서 있었는데 이들은 나에게 길을 더 많이 넓혀주기 위하여 '사라님이 오셨다' 하면서 뒤로 물러서 주는 것이 보였다.

[히 1:5-7]

5 하나님께서 어느 때에 천사 중 누구에게 네가 내 아들이라 오늘날 내가 너를 낳았다 하셨으며 또 다시 나는 그에게 아버지가 되고 그는 내게 아들이 되리라 하셨느뇨 6 또 맏아들을 이끌어 세상에 다시 들어 오게 하실 때에 하나님의 모든 천사가 저에게 경배할지어다 말씀하시며 7 또 천사들에 관하여는 그는 그의 천사들을 바람으로 그의 사역자들을 불꽃으로 삼으시느니라 하셨으되

즉 하나님께서는 천사들을 우리 아래 두신 것이다. 우리는 하나님의 자녀 즉 하나님께서 우리를 내 아들들이라 할 수 있으나 하나님께서는 천사들을 아들이라 말씀하시지 아니하신다. 이유는 천사들은 그분이 부리시는 종이기 때문이다. 즉 사실 천사는 우리가 부릴 수 있는 종들이라고 볼 수 있다.

[마 18:10]

삼가 이 소자 중에 하나도 업신여기지 말라 너희에게 말하노니 저희 천사들이 하늘에서 하늘에 계신 내 아버지의 얼굴을 항상 뵈옵느니라

[고전 6:3]

우리가 천사를 판단할 것을 너희가 알지 못하느냐 그러하거든 하물며 세상 일이랴

천국에서 나를 수종하는 천사들은 다 나를 '주인님'이라고 부른다. 천국에 나의 집을 관리하고 있는 천사들도 다 나를 '주인님'이라 부른다.

나는 드디어 주님의 보좌 앞으로 인도함을 받았는데 그곳에 주님께서 앉아계셨다. 나는 주님을 보자마자 주님 발 앞에 엎드러졌고 주님의 두 발은 큰 황금 대야에 생명수 물이 담긴 곳에 담구어져 있었고 그 두 발에는 큰 두 구멍이 보였다. 그 구멍들에서는 피가 나와 대야의 생명수 물과 섞이고 있었다.

주님께서 나에게 마음으로 말씀하셨다.
'내 발을 씻어다오.'
나는 두 손으로 조심스레 정말 억장이 무너지는 마음으로 그 피가 나고 있는 주님의 두 발을 생명수 물로 씻겨드렸다.

천사가 와서 그 대야를 가져갔고 황금빛 나는 수건을 가져왔다.
나는 그것으로 주님의 두 발을 닦아 드렸다.
그런 후 주님은 황금신발을 신으시고는 나에게 이렇게 말씀하셨다.
"네 자리로 들어가서 앉거라"
나는 주님의 왼편에 서 있는 천사들 사이에 놓여 있는 내 자리로 와

서 앉았다. 내가 앉는 의자는 주님의 왼편에 서 있는 천사들 사이에 놓여 있었는데 그것은 주님의 보좌 앞에서부터 맨 앞쪽으로부터 시작하여 세 번째 천사 다음에 내가 앉는 조그만 황금의자가 놓여 있었다.

내가 그곳에 가서 앉으니 주님께서 한 천사에게 말씀하시기를 '가져 오너라' 하셨다. 그랬더니 한 천사가 황금으로 된 두루마리를 가져왔다.

주님은 그 황금으로 된 두루마리를 쭉 펴셨다.

처음에는 그 두루마리에 아무 글씨도 적혀져 있지 않았는데 갑자기 그곳에 꼭 붓글씨 모양으로 검정 색깔로 내가 보는 가운데 순간적으로 '내가 너로라'라고 쓰여지는 것이 아닌가?

'와우~'

'아니 저 말씀은 이미 하나님께서 내게 몇 번씩이나 말씀하신 내용인데...'

그러나 그렇게 말씀하실 때마다 나는 조금씩 그때그때마다 다른 의미로 받아들여졌었다. 특히 주님께서 나에게 '내가 너로라' 하실 때 말이다. '오~ 할렐루야'

그 의미들을 보면 어떤 때는 '너는 죽어라. 그래야 내가 너 안에 들어가 살 것이다'라는 의미로 말씀하실 때도 있었고, 또한 내가 한국에서 집회를 하게 되었을 때 내가 능력이 없는 나로 생각되어질 때는 주님께서 나에게 '내가 너로라' 하시면서 나를 격려하여 주시기도 하셨다. 즉 그때에는 '내가 너를 통하여 역사하겠다'라는 의미였다. 그리고 또 한 번은 '내가 너로라' 말씀하셨는데 그것은 내가 하

나님의 말씀을 전할 때에 주님께서 '내가 너를 통하여 말할 것이다'
라는 의미로 말씀하시기도 하셨다.
주여! 주님께서는 그때그때마다 조금씩 다른 의미로 나에게 '내가
너로라' 하는 말씀을 주신 것이다.
그런데 오늘은 이 말씀을 두루마리 전체가 황금으로 된 것에 '내가
너로라'라고 직접 써 주셨다. '와우~' 정말 감동적이었다.

그런데 바로 이때에 나는 천상에서 이전에 내가 지상에서 이 말씀
을 처음으로 주님으로부터 받은 것이 기억이 났다. 천상에서 지상
에서 있었던 일이 기억이 난 것이다.

그것은 1995년경으로 약 25년 전이었다.
나는 미국에서 원 베드룸(방 하나 거실 하나 있는 아파트)에 살고 있
을 때였다.
그때는 내가 UCLA 대학교에서 박사후 과정(postdoctoral course)
을 하고 있을 때였고 신학교도 들어가기 이전의 일이었다.

내가 거실에 있는데 갑자기 하나님의 음성이 육성으로 들리는 것이
었다. 나는 하나님의 음성을 여러 방면으로 여러 번 들었으나 그렇
게 진짜 육성으로 들은 것은 처음이었다.

그때에 하나님께서는 육성으로 엄중한 목소리를 내셨는데
'내가 너로라'라고 말씀하시는 것이었다.
'와우~'

그런 후에 하나님의 육성이 아닌 내 인식 속에서 매우 명확하게 들리는 하나님의 음성이 있었다. 즉 그분은 육성이 아닌 내 인식 속에 매우 명확하게 말씀하셨는데 그것은 '너는 세상에 대한 모든 욕심을 다 비워라 이제부터 내가 너에게 들어가 산다.'라고 하시는 것이었다. '와우~~' 하나님께서 그렇게 말씀하시니 나는 그렇게 꼭 해야 한다는 것은 알고 있었으나 그러나 사실 나는 세상 욕심을 다 비우는 것에 자신이 없었다. 그래서 그때에 나는 하나님께 이렇게 반기를 들었다. '하나님, 저는 사실 그렇게 할 자신이 없어요. 그러나 다른 것은 몰라도 제가 그래도 사람으로서 기본적인 욕심, 즉 예를 들어서 옷이 안 떨어진 것 입고 싶다는 것은 기본적인 인간의 욕망인데 이러한 기본적인 욕심은 제 발 뒤꿈치에 조금 붙여 놓고 사는 것은 안 되나요?'라고 간절히 애원하는 마음으로 묻고 있었다. 그리하였더니 주님께서는 '그것도 안 된다'라고 하셨다. 그래서 나는 할 수 없이 '그래요 주님 그러면 그것마저 내려놓으라시면 그것도 다 내려놓을게요'라고 하는 순간 나는 갑자기 내 머리끝 정수리에서부터 물 같은 액체가 물리적으로 내 몸 아래로 쭉 내려오더니 그것이 내 발 끝에 가서는 멈추는 것이 느껴졌다.

'와우~. 이제야 온전히 주님께서 내 안에 좌정하시는구나' 가 그냥 알아졌던 것이다. '와우~'

나는 이 경험이 너무도 신기하여 대학생 성경공부 그룹의 장로님에게 가서 말씀을 드렸다. 그리고 내가 아는 형제에게 말했다.
그러나 그들은 내가 하는 말을 다 듣더니 고개를 갸우뚱하더니 결국은 성화에 관한 것이 아닌가 하는 결론을 내렸었다.

그렇다. 그 때에 주님께서 내가 너로라 하신 말씀은 내가 세상 욕심을 다 버리고 오직 내 안에 예수께서 사는 자가 되라는 말씀으로 하셨던 것이다.
그러나 그때에는 내가 아직 영적으로 미숙하여 결코 그 정확한 뜻을 헤아릴 수가 없었음을 고백한다.
그러므로 나는 내가 그 뜻을 명확히 알 수 없을 정도로 영적으로 미숙한 상태였음에도 불구하고 하나님께서 미리 그렇게 나에게 말씀하셨다는 것은 또 하나 우리에게 의미하는 바가 크다고 말할 수 있다. 즉 우리 주님은 우리가 온전히 다 이해하지 못하는 상태에서도 그렇게 미리 말씀하여주시는 경향이 있다는 사실이다.

우리 주님은 이렇게 말씀하신다.

[계 3:20]
볼지어다 내가 문밖에 서서 두드리노니 누구든지 내 음성을 듣고 문을 열면 내가 그에게로 들어가 그로 더불어 먹고 그는 나로 더불어 먹으리라

이 문을 여는 행위가 바로 우리가 우리 안에 있는 모든 더러운 것을 비우는 것이 아닐까 생각한다. 왜냐하면 그래야 우리 주님이 우리 안에 들어와 사실 수 있으니까 말이다.
이렇게 이전에 지상에서 있었던 그 경험이 오늘 그 천상에서 그것이 다시 생각이 나는 것이었다.
'오~ 할렐루야!'
그러므로 오늘 이 황금 두루마리에 '내가 너로라'고 써주신 의미가

바로 그 이전에 25년 전에 하시던 그 말씀 그 의미로 받아들여진 것이다. 할렐루야.

그런 후에 주님과 나는 즉시 연못가로 이동하였다.
연못가에는 주님과 내가 앉는 벤치가 있었다.
주님께서는 나를 그곳에 앉히시고 이제는 주님이 내 발을 씻기시겠다는 것이었다. 주님의 보좌 앞에서는 내가 주님의 발을 씻겨 드렸지만. '오 마이 갓!'
나는 '주여 정말 아니되옵나이다'라고 말하고 싶었다. 주님께서 내 발을 씻기시는 것을 나는 정말 원치 아니하였다. 그러나 주님께서는 몸을 구부리셔서 나의 두 발을 씻겨주셨다. 이때 주님의 마음이 내게 이렇게 전해졌다. '내가 네 발을 씻기지 아니하면 너와 내가 아무런 상관이 없느니라.'
그러자 그때 주님께서 베드로에게 하신 말씀이 생각이 났다.

[요 13:4-8]

4 저녁 잡수시던 자리에서 일어나 겉옷을 벗고 수건을 가져다가 허리에 두르시고 5 이에 대야에 물을 담아 제자들의 발을 씻기시고 그 두르신 수건으로 씻기기를 시작하여 6 시몬 베드로에게 이르시니 가로되 주여 주께서 내 발을 씻기시나이까 7 예수께서 대답하여 가라사대 나의 하는 것을 네가 이제는 알지 못하나 이 후에는 알리라 8 베드로가 가로되 내 발을 절대로 씻기지 못하시리이다 예수께서 대답하시되 내가 너를 씻기지 아니하면 네가 나와 상관이 없느니라

그런 후에 주님은 내가 벤치 옆에 놓여있는 코가 앞쪽에 올라온 꽃신을 신고 연못 위로 걸어 들어가기를 원하셨다.

나는 그 신을 신고 연못 위로 걸어 들어갔다. (왜 내가 연못 위를 걸어 들어갈 때에 꼭 이 신을 신고 들어갈까? 나는 아직도 그 이유를 모른다. 이 신을 신으면 내가 연못 위로 그냥 걸어 들어갈 수 있기 때문에? 아니면 이 꽃신을 신어야 터널 속의 물이 나를 움직여서 터널 이쪽 편에서 저쪽 편 끝에 데려다 주기 때문에? 어느 것이 맞는지 아니면 그 이유가 둘 다인지 나는 아직 그것을 모른다.) 그러나 내가 연못 위로 걸어 들어가서 터널로 들어갈 때에는 반드시 이 신을 주님께서는 신기시는 것이었다.

연못 위의 오른편 터널의 황금으로 된 문이 입구의 오른편으로 활짝 열려 있었다. 나는 터널 안의 물 위에 섰다. 그랬더니 그 물이 나를 움직여서 순식간에 터널 반대편으로 옮겨다 주었다. 그 터널 끝이 나를 내려놓은 곳은 이사야의 집 앞쪽 옆에 있는 생명수 강가였고 그 옆에는 피크닉 테이블이 놓여 있었다.
오~ 이곳은 주님과 함께 늘 와보던 곳이었다.
내가 도착하자 그곳에는 주님께서 이미 오셔서 하늘색 옷을 아래위로 입고 있는 이사야와 함께 이야기를 나누고 계셨다. 내가 나타나자 주님께서는 이렇게 이사야에게 말씀하셨다.
"사라가 이사야에게 질문이 있단다."
주님은 이렇게 늘 내 마음속에 있는 질문을 다 알고 계신다.
그래서 나를 이곳으로 데리고 오신 것이었다. 내가 이사야에게 질문이 있다는 것을 아시고. 주님과 나 그리고 이사야는 그 생명수 강가 옆에 놓여 있는 피크닉 테이블에 앉았다.
성경이 이사야 앞과 그리고 내 앞에 펴져 있었다.

나는 이사야 2장에 대하여 이사야에게 질문하였다.
'아니 이사야님 이것을 어떻게 아셨나요?'라고.
이사야 2장은 말세에 주님께서 심판하는 장면 즉 아마겟돈 전쟁(계 19장)을 일으키시는 것을 말씀하고 있는 것인데 나는 이사야가 이것을 어떻게 알았는가를 묻고 있었다.

[사 2:10-22]

10 너희는 바위 틈에 들어가며 진토에 숨어 여호와의 위엄과 그 광대하심의 영광을 피하라 11 그날에 눈이 높은 자가 낮아지며 교만한 자가 굴복되고 여호와께서 홀로 높임을 받으시리라 12 대저 만군의 여호와의 한 날이 모든 교만자와 거만자와 자고한 자에게 임하여 그들로 낮아지게 하고 13 또 레바논의 높고 높은 모든 백향목과 바산의 모든 상수리나무와 14 모든 높은 산과 모든 솟아오른 작은 산과 15 모든 높은 망대와 견고한 성벽과 16 다시스의 모든 배와 모든 아름다운 조각물에 임하리니 17 그 날에 자고한 자는 굴복되며 교만한 자는 낮아지고 여호와께서 홀로 높임을 받으실 것이요 18 우상들은 온전히 없어질 것이며 19 사람들이 암혈과 토굴로 들어가서 여호와께서 일어나사 땅을 진동시키시는 그의 위엄과 그 광대하심의 영광을 피할 것이라 20 사람이 숭배하려고 만들었던 그 은 우상과 금 우상을 그 날에 두더지와 박쥐에게 던지고 21 암혈과 험악한 바위틈에 들어가서 여호와께서 일어나사 땅을 진동시키시는 그의 위엄과 그 광대하심의 영광을 피하리라 22 너희는 인생을 의지하지 말라 그의 호흡은 코에 있나니 수에 칠가치가 어디 있느뇨

즉 여기서 그 날, 여호와의 한 날, 그 날은 마지막 때에 일어나는 주님의 지상재림 후에 아마겟돈 전쟁이 일어나는 날이다.
그랬더니 이사야는 주님께서 그 모든 것을 환상으로 보여주셨다는

것을 나에게 알게 하여 주었다.

아하 그래서 이사야 1장 1절에 유다왕 웃시야와 요담과 아하스와 히스기야시대에 아모스의 아들 이사야가 유다와 예루살렘에 대하여 본 이상이라고 말하고 있구나가 알아졌다.

[사 1:1]
유다 왕 웃시야와 요담과 아하스와 히스기야 시대에 아모스의 아들 이사야가 유다와 예루살렘에 대하여 본 이상이라

할렐루야. 하나님께서 이사야에게 마지막 때에 일어나는 일을 환상으로 보여주셨다는 것이다. 그리고 이 날은 마지막 때 주님이신 여호와께서 그 처소에서 나오셔서 세상을 심판하는 장면을 묘사하고 있다. 그날에 모든 교만한 자의 코가 낮아지는 즉 이 날은 여호와의 한 날로서 예수님께서 지상재림하셔서 짐승과 거짓 선지자와 그에게 붙은 왕들과의 전쟁을 일으키는 아마겟돈 전쟁의 날이라는 것이 알아졌다. 할렐루야.

그러면서 진짜 이사야가 말한 사 26:21이 알아졌다.

[사 26:21]
보라 여호와께서 그 처소에서 나오사 땅의 거민의 죄악을 벌하실 것이라 땅이 그 위에 잦았던 피를 드러내고 그 살해 당한 자를 다시는 가리우지 아니하리라

[사 34:16]
너희는 여호와의 책을 자세히 읽어 보라 이것들이 하나도 빠진 것이 없고 하나도 그 짝이 없는 것이 없으리니 이는 여호와의 입이 이를 명하셨고 그의 신이 이것들을 모으셨음이라

즉 이렇듯 성경에는 짝이 있다는 말이 정말 맞다.
그래서 이사야가 이 말을 하였나 하는 생각도 해보았다.
이사야는 예수님이 오시기도 전에 태어나시기도 전에 그분이 태어나서(사 7;14; 사 9:6) 죽으시고(사 53:5-6) 그 다음 그분이 다시 오셔서 마지막 날 이 세상을 심판을 하신다(사2장)는 것을 어떻게 알았을까? 나는 참 신기하기도 하다.
이 성경 구절들은 짝이 있게 결국 하나님께서 입으로 명하여 모은 것이라 했는데 과거 현재 미래를 아시는 그분이 계시록 19장에서 백마 타고 오시는 주님의 지상재림이 있을 것을 아시고 이것의 짝이 되게끔 이사야에게 미리 보여주신 것이 아닌가 하는 생각이 들어왔고 그래서 이것이 옳다라고 할 수 있는 이사야 34:16 짝이 있다는 말도 이사야를 통하여 말씀하신 것이 아닌가 하는 생각이 천상에서 들어왔다.

이 천상에서 들어오는 생각은 내 생각이 아니라 오히려 주님께서 내 생각 속에 주님이 알려주고 싶으신 것을 넣어주는 것이라고 하는 것이 맞다.
이사야는 나에게 '하나님께서 자신에게 예수님의 탄생과 그분이 왜 오셔야 했고 또 어떻게 죽으시고 또한 다시 심판주로 오셔서 세상

을 심판하는 것까지 다 보여 주셨다'고 했다.
할렐루야.

나는 마음으로 이사야에게 물었다.
'아니 주님이 예수님이 태어나기도 전인데 예수님이 이 세상에 오셔서 심판하는 장면을 보았느냐'고 물었다.
그랬을 때에 이사야는 '그렇다'라고 했다.
즉 예수님이 이 세상에 인간으로 태어나기 전부터 그 형체, 즉 인간의 모습과 같은 예수님의 형체를 이사야가 환상 속에서 보았다는 것이다. '여호와가 그 처소에 나오사...'
할렐루야.

나는 지상에 내려와서 기록할 때에 다시 알게 되었다.
그렇지...
예수님이 태어나기 전부터 예수님은 사람의 모양으로 나타나셨다는 사실을 성경은 기록하고 있다. 그러므로 이 사실은 바로 이사야가 본 것과 일치한다는 사실을 알았다.

그 예는 첫째는 상수리나무 수풀 근처에 세 사람이 나타났는데 그 중에 한 사람이 기묘자로 이는 형체로 나타나신 예수님이었다는 것이다.
[창 18:1-5]
1 여호와께서 마므레 상수리 수풀 근처에서 아브라함에게 나타나시니라 오정 즈음에 그가 장막 문에 앉았다가 2 눈을 들어 본즉 사람 셋이 맞은편

에 섰는지라 그가 그들을 보자 곧 장막 문에서 달려나가 영접하며 몸을 땅에 굽혀 3 가로되 내 주여 내가 주께 은혜를 입었사오면 원컨대 종을 떠나지 나가지 마옵시고 4 물을 조금 가져오게 하사 당신들의 발을 씻으시고 나무 아래서 쉬소서 5 내가 떡을 조금 가져오리니 당신들의 마음을 쾌활케 하신 후에 지나가소서 당신들이 종에게 오셨음이니이다 그들이 가로되 네 말대로 그리하라

[창 18:22]

22 그 사람들이 거기서 떠나 소돔으로 향하여 가고 아브라함은 여호와 앞에 그대로 섰더니

세 사람 중 두 사람은 소돔으로 향하여 갔고 한 사람은 남았는데 그 한 사람을 성경은 여호와라고 표현하고 있다.

[창18:23~33]

23 아브라함이 가까이 나아가 가로되 주께서 의인을 악인과 함께 멸하시려나이까 24 그 성중에 의인 오십이 있을지라도 주께서 그 곳을 멸하시고 그 오십 의인을 위하여 용서치 아니하시리이까 25 주께서 이같이 하사 의인을 악인과 함께 죽이심은 불가하오며 의인과 악인을 균등히 하심도 불가하니이다 세상을 심판하시는 이가 공의를 행하실 것이 아니니이까 26 여호와께서 가라사대 내가 만일 소돔 성중에서 의인 오십을 찾으면 그들을 위하여 온 지경을 용서하리라 27 아브라함이 말씀하여 가로되 티끌과 같은 나도 감히 주께 고하나이다 28 오십 의인 중에 오인이 부족할 것이면 그 오인 부족함을 인하여 온 성을 멸하시리이까 가라사대 내가 거기서 사십 오인을 찾으면 멸하지 아니하리라 29 아브라함이 또 고하여 가로되 거기서 사십인을 찾으시면 어찌 하시려나이까 가라사대 사십인을 인하여 멸하지 아니하리라 30 아브라함이 가로되 내 주여 노하지 마옵시고 말

씀하게 하옵소서 거기서 삼십인을 찾으시면 어찌 하시려나이까 가라사대 내가 거기서 삼십인을 찾으면 멸하지 아니하리라 31 아브라함이 또 가로되 내가 감히 내 주께 고하나이다 거기서 이십인을 찾으시면 어찌 하시려나이까 가라사대 내가 이십인을 인하여 멸하지 아니하리라 32 아브라함이 또 가로되 주는 노하지 마옵소서 내가 이번만 더 말씀하리이다 거기서 십인을 찾으시면 어찌 하시려나이까 가라사대 내가 십인을 인하여도 멸하지 아니하리라 33 여호와께서 아브라함과 말씀을 마치시고 즉시 가시니 아브라함도 자기 곳으로 돌아갔더라

즉 구약에서 아브라함에게 나타난 세 사람 중 한사람이 여호와였는데 이가 예수님이었을 것이다.

둘째는
그다음 느부갓네살왕 때에 다니엘의 세 친구가 풀무불에 던져졌을 때에 느부갓네살이 하나님의 아들과 같은 자 한 사람이 사드락 메삭 아벳느고와 같이 풀무불 가운데 걸어다니는 것을 보았다.

[단 3:12-30]
12 이제 몇 유다 사람 사드락과 메삭과 아벳느고는 왕이 세워 바벨론 도를 다스리게 하신 자이어늘 왕이여 이 사람들이 왕을 높이지 아니하며 왕의 신들을 섬기지 아니하며 왕이 세우신 금 신상에게 절하지 아니하나이다 13 느부갓네살 왕이 노하고 분하여 사드락과 메삭과 아벳느고를 끌어 오라 명하매 드디어 그 사람들을 왕의 앞으로 끌어 온지라 14 느부갓네살이 그들에게 물어 가로되 사드락, 메삭, 아벳느고야 너희가 내 신을 섬기지 아니하며 내가 세운 금 신상에게 절하지 아니하니 짐짓 그리하였느냐 15 이제라도 너희가 예비하였다가 언제든지 나팔과 피리와 수금과 삼현금과 양금과 생황과 및 모든 악기 소리를 듣거든 내가 만든 신상 앞에 엎

드리어 절하면 좋거니와 너희가 만일 절하지 아니하면 즉시 너희를 극렬히 타는 풀무 가운데 던져 넣을 것이니 능히 너희를 내 손에서 건져낼 신이 어떤 신이겠느냐 16 사드락과 메삭과 아벳느고가 왕에게 대답하여 가로되 느부갓네살이여 우리가 이 일에 대하여 왕에게 대답할 필요가 없나이다 17 만일 그럴 것이면 왕이여 우리가 섬기는 우리 하나님이 우리를 극렬히 타는 풀무 가운데서 능히 건져내시겠고 왕의 손에서도 건져내시리이다 18 그리 아니하실지라도 왕이여 우리가 왕의 신들을 섬기지도 아니하고 왕의 세우신 금 신상에게 절하지도 아니할 줄을 아옵소서 19 느부갓네살이 분이 가득하여 사드락과 메삭과 아벳느고를 향하여 낯빛을 변하고 명하여 이르되 그 풀무를 뜨겁게 하기를 평일보다 칠배나 뜨겁게 하라 하고 20 군대 중 용사 몇 사람을 명하여 사드락과 메삭과 아벳느고를 결박하여 극렬히 타는 풀무 가운데 던지라 하니 21 이 사람들을 고의와 속옷과 겉옷과 별다른 옷을 입은 채 결박하여 극렬히 타는 풀무 가운데 던질 때에 22 왕의 명령이 엄하고 풀무가 심히 뜨거우므로 불꽃이 사드락과 메삭과 아벳느고를 붙든 사람을 태워 죽였고 23 이 세 사람 사드락과 메삭과 아벳느고는 결박된 채 극렬히 타는 풀무 가운데 떨어졌더라 24 때에 느부갓네살 왕이 놀라 급히 일어나서 모사들에게 물어 가로되 우리가 결박하여 불 가운데 던진 자는 세 사람이 아니었느냐 그들이 왕에게 대답하여 가로되 왕이여 옳소이다 25 왕이 또 말하여 가로되 내가 보니 결박되지 아니한 네 사람이 불 가운데로 다니는데 상하지도 아니하였고 그 네째의 모양은 신들의 아들과 같도다 하고 26 느부갓네살이 극렬히 타는 풀무 아구 가까이 가서 불러 가로되 지극히 높으신 하나님의 종 사드락, 메삭, 아벳느고야 나와서 이리로 오라 하매 사드락과 메삭과 아벳느고가 불 가운데서 나온지라 27 방백과 수령과 도백과 왕의 모사들이 모여 이 사람들을 본즉 불이 능히 그 몸을 해하지 못하였고 머리털도 그슬리지 아니하였고 고의 빛도 변하지 아니하였고 불 탄 냄새도 없었더라 28 느부갓네살이 말하여 가로되 사드락과 메삭과 아벳느고의 하나님을 찬송할지로다 그가 그 사자를 보내사 자기를 의뢰하고 그 몸을 버려서 왕의 명을 거역하고 그 하나님 밖에는 다른 신을 섬기지 아니하며 그에게 절하지 아니한 종들을 구원하셨도다 29 그러므로 내가 이제 조서를 내리노니 각 백성과 각 나라와 각 방언하는 자가 무릇 사드락과 메삭과 아벳느고의 하나님께 설만히 말하거든 그 몸을 쪼개고 그 집으로 거름터를 삼을지니 이는 이같이 사람을 구원할 다른 신이 없음이니라 하고 30 왕이 드디어 사드락과 메삭과 아벳느고를 바벨론 도에서 더욱 높이니라

셋째는 얍복강가에서 밤새도록 야곱과 씨름한 자가 하나님 즉 하나님의 아들 예수라고 본다.

[창 32:24-32]

24 야곱은 홀로 남았더니 어떤 사람이 날이 새도록 야곱과 씨름하다가 25 그 사람이 자기가 야곱을 이기지 못함을 보고 야곱의 환도뼈를 치매 야곱의 환도뼈가 그 사람과 씨름할 때에 위골되었더라 26 그 사람이 가로되 날이 새려하니 나로 가게 하라 야곱이 가로되 당신이 내게 축복하지 아니하면 가게 하지 아니하겠나이다 27 그 사람이 그에게 이르되 네 이름이 무엇이냐 그가 가로되 야곱이니이다 28 그 사람이 가로되 네 이름을 다시는 야곱이라 부를 것이 아니요 이스라엘이라 부를 것이니 이는 네가 하나님과 사람으로 더불어 겨루어 이기었음이니라 29 야곱이 청하여 가로되 당신의 이름을 고하소서 그 사람이 가로되 어찌 내 이름을 묻느냐 하고 거기서 야곱에게 축복한지라 30 그러므로 야곱이 그곳 이름을 브니엘이라 하였으니 그가 이르기를 내가 하나님과 대면하여 보았으나 내 생명이 보전되었다 함이더라 31 그가 브니엘을 지날 때에 해가 돋았고 그 환도뼈로 인하여 절었더라 32 그 사람이 야곱의 환도뼈 큰 힘줄을 친 고로 이스라엘 사람들이 지금까지 환도뼈 큰 힘줄을 먹지 아니하더라

이렇게 성경에서는 예수님이 인간의 모습으로 오시기 이전부터 우리 인간이 보기에 인간의 모습을 하고 나타나신 것을 기록하고 있다. 할렐루야.
감사합니다. 주님. 알게 하여 주셔서...

19 구약편 3권

2020년 7월 26일

(1) 주님께서 성밖에서 벌을 받는 것을 보게 하시다.

(2) 오늘날 내가 너를 낳았도다. 열방을 구하라

(3) 남북이 통일되는 것을 다시 한번 보여주시다.

(4) 예수님의 피의 능력이 얼마나 큰지 다시 한번 알 게 하여 주시다.

(1) 주님께서 사람들이 성밖에서 벌을 받고 있는 것을 보게 하시다.

주일날 이른 아침이었다. 한국에 학회 때문에 와서 14일 격리하는 중에 침대에 앉아 벽에 등을 기대고 기도하고 있는데 갑자기 몸에 힘이 쭈욱 빠지는 것을 경험하였는데 나는 이것을 하나님의 임재하심에 압도됨이라고 표현한다. 내 옆에 시온이라는 이름을 가진 천사가 와서 앉아 있는 것이 알아졌다. 몸에 완전히 힘이 빠지자 입술조차 움직일 수 없는 상태에서 시온 천사가 내 입에 쌀과자 같이 생긴 얇고 얇은 동전 크기의 과자를 내 입에다가 넣어주었다. 그것은 내 입에서 녹았고 즉시 내 시야에는 주님께서 구름 위에 서 계신 것이 보였다. 나보고 올라오라고 하셨다. 나는 즉시 내 몸에서 7-8세 정도의 아이가 내 몸에서 나갔다. 그리고 그 구름 위로 올라갔는데 그 구름 위에는 계단이 보였다. 주님께서 그 계단에 서 계셨고 나는 주님의 손을 꼭 잡고 계단을 같이 올라갔다. 주님께서는 나보고 '내 딸아'라고 말씀하시는 음성이 알아졌다. 계단 끝에 이르러서는 주님은 온데간데 없어지셨고 나는 그 계단 끝에서 분홍색 옷과 분홍색 날개를 가진 두 천사가 내 양 옆에 서서 큰 부채를 하나씩 들고 나를 맞아주었다. 이들은 내가 수레를 타고 천국으로 올라가면 내가 수레에서 내릴 때에 나의 손을 잡아 수종하는 두 천사들이었다. 이들은 오늘 나를 보고 '주인님'하고 맞아주는 것이었다. 그런데 나는 계단 끝에 7-8세의 어린아이의 모습이 아니라 벌써 어른 즉 처녀의 모습으로 바뀌어져 있었고 그리고 머리는 아름답게 올림머리를 한 신부의 모습을 하고 있었다.
그런데 내가 보통 때에는 그 길이 분명히 주님의 보좌 앞으로 인도되는 길인데 오늘따라 그 길이 자꾸만 밑으로 꺼지는 것이 보였다. 그러더니 그 길은 밑으로 내려가는 계단으로 바뀌었다.
'와우~'

아래로 내려가는 그 계단은 약 100계단 정도로 보였다. 나는 그 계단을 따라 내려갔다. 그곳에는 흰옷 입은 주님께서 이미 그곳에 와 계셨고 나는 즉시 다른 모습 즉 머리를 뒤로 한 곳으로 묶고 흰옷을 아래위로 야무지게 입은 모습으로 바뀌어져 있었다. '와우~' 이렇게 금방 변하다니…

그리고 그 광장에는 젊은이들이 웃통을 벗고 바지는 흰 바지로 입고 있었는데 두 손들이 뒤로 묶여 있었고 상체를 든 채로 두 무릎을 땅에 대고 엉덩이를 들고 있는 자세로 앉아 있는 것이 보였다. 이들 모두는 공중에서 날아오는 줄로 된 회초리로 등을 맞는 것처럼 보였다. 아니 실제로 그렇게 매를 맞고 있었다. 그런 후에 그들은 울면서 각자에게 주어진 노트에다가 펜을 가지고 자신들의 죄를 거기에 적고 반성해야 하는 것 같았다.

포졸들처럼 생긴 천사들이 그들 각자 앞에 공책 같은 것을 놓아주니 그들의 뒤에 묶여 있던 손들이 즉시 풀려지면서 그들의 손에 펜이 즉시 쥐어지더니 그들은 공책에다가 그들의 죄를 썼다. 그리고 그것에 대하여 반성해야 했다. 나는 주님께 속으로 물었다. '주님, 이 그룹은 어떤 죄를 이 공책에다가 쓰는 것입니까?' 그 말은 이들은 어떤 죄를 저질렀기에 이곳에서 이러한 벌을 받고 있는 것입니까? 라고 묻는 말과 같은 것이었다. 주님께서는 나에게 이렇게 알려 주셨다. 이들은 다른 사람들을 중상 모략한 자들이라는 것을 알게 하여 주셨다.

계시록 22장 15절 보면
거짓말을 좋아하며 지어내는 자마다 성밖에 있으리라
라는 말씀이 있는데 바로 이 자들이 그 자들이라는 것이다. 이들은 예수를 믿었던 자들이지만 다른 사람들에 대하여 중상모략을 일삼은 자들이었던 것이다. 그러나 이들은 양심이 살아 있어 그것이 잘못된 것을 알고 회개도 하였지만 그러나 결코 그 행동을 버리지 못하고 또 하고 또 회개하고 또 하고 또 회개하는 이러한 행위를 되풀이 한 자들이었다.

나는 주님께 다시 물었다. 주님 이전에 이 성밖에 존재하는 그룹 중에 평상시에 거짓말을 쉽게 하고 산 자들이 큰 기둥을 왼쪽 어깨에 메고 힘들게 끌고 가는 그룹을 보았는데 그 그룹도 거짓말을 해서 왔다고 했는데 이 그룹하고 무슨 차이가 있는 것인가요?
라고 질문을 하였을 때 주님은 내게 이렇게 알려주셨다. 이전의 그 기둥을 끌고 가던 그룹은 순간순간 자신의 순간을 모면하기 위하여 거짓말하고 산 자들이라면 이 그룹은 일부러 다른 사람에 대한 거짓말을 지어내어 퍼뜨린 자들이라는 것이었다. '와~ 그렇구나! 그래서 이렇게 성밖에서도 받는 벌이 다 틀리구나...'
주님은 내게 이렇게 또 마음으로 말씀하여 주셨다.
"너는 이 장소가 있음을 세상에 꼭 알려야 한다."
'아 그렇구나! 주님께서 나를 오늘 이 장소에 데리고 오심은 반드시 성경대로 성밖이 존재한다는 것을 세상에 꼭 알리라'고 오늘 여기에 데리고 오신 것을 알게 하여 주셨다.
주여!

(2) 오늘날 내가 너를 낳았도다. 열방을 구하라

그런 후에 주님께서는 나를 이사야의 집 생명수 강가 옆에 놓여 있는 피크닉 테이블로 나를 데리고 가셨는데 거기에는 키가 크고 좀 야위어 보이는 하늘색 옷을 아래위로 입은 이사야가 먼저 와 있었다. 주님은 피크닉 테이블을 중심으로 생명수 강가 편으로 앉으시고 이사야와 나는 반대편으로 앉았다.
주님께서는 이사야를 보고 두 손으로 사라의 두 손을 잡으라고 하셨다. 이사야는 자신의 두 손으로 내 두 손을 감쌌다. 그러자 이사야가 이 세상에 살아 있을 때에 외쳤던 구약에서 서술된 그 복음의 내용 모두가 다 내 손을 통하여 내 온몸 전체로 스며들어오는 것을 느꼈다.

'와우~ 이런 일도 일어나는구나' 하면서 나는 너무 신기해 하였다.

그러고 나서 나는 돌연히 주님께 이렇게 여쭈었다. 아니 그것이 생각이 났다. 천국에서 생각이 나는 모든 것은 그 생각을 주님께서 넣어주었다고 말함이 옳다. 나는 주님께 이렇게 여쭈었다. 주님, 시편 2편에 하나님께서 말씀하시기를 '내가 오늘날 너를 낳았도다. 내게 열방을 구하라' 이 말이 무슨 말씀입니까? 라고 묻는 순간 그 순간에 나에게는 성경의 말씀들이 줄줄이 생각이 나는 것이었다.
즉 하나님의 아들인 예수께 하나님께서 모든 권세를 주셨다는 구절들이 생각이 났다.

즉 예를 들자면 예수님의 지상 대명령에서 '하늘과 땅의 권세를 내게 주셨으니'하는 말씀과 또한 계시록 12장에 여자가 낳은 남자아이에게 철장으로 만국을 다스릴 권세를 주셨다는 말씀이 생각이 난 것이다.

[마 28:18-20]

18 예수께서 나아와 일러 가라사대 하늘과 땅의 모든 권세를 내게 주셨으니 19 그러므로 너희는 가서 모든 족속으로 제자를 삼아 아버지와 아들과 성령의 이름으로 세례를 주고 20 내가 너희에게 분부한 모든 것을 가르쳐 지키게 하라 볼지어다 내가 세상 끝날까지 너희와 항상 함께 있으리라 하시니라

[계 12:5]

여자가 아들을 낳으니 이는 장차 철장으로 만국을 다스릴 남자라 그 아이를 하나님 앞과 그 보좌 앞으로 올려가더라

즉 이 권세는 하나님 아버지께서 아들 예수께 주신 권세이며 이 말씀들은 사실 이 세계 전체를 주님께 주셨다는 말이다. 즉 열방을 구하라 하셨는데 사실 이미 그 권세를 다 주신 것이다.

그래서 예수님은 또 이렇게 말씀하신 것이 생각이 났다.

[요 6:38-39]

38 내가 하늘로서 내려온 것은 내 뜻을 행하려 함이 아니요 39 나를 보내신 이의 뜻을 행하려 함이니라 나를 보내신 이의 뜻은 내게 주신 자 중에 내가 하나도 잃어버리지 아니하고 마지막 날에 다시 살리는 이것이니라

즉 위의 성경 구절까지 즉 내게 주신 자 중에 하나도 잃어버리지 않고 마지막에 내가 그를 다시 살리리라 하는 성경 구절까지 거기서 생각이 나는 것이었다.
나는 또 물었다.

그럼 주님 제가 기도할 때에 하나님께서 한번 저에게 말씀하시기를 '내가 너를 낳았도다'라고 갑자기 말씀하셨는데 그러면 '이 말씀은 저도 예수님처럼 열방을 구하라는 말씀인가요? 그러면 주신다는 말씀으로 받아야 하는지요?'라고 여쭈었다. 그랬더니 주님은 '그렇단다'라고 말씀하셨다. 즉 이 말씀은 내가 열방을 구하면 주시겠다는 말씀으로 받아들여졌다. '와우~'

할렐루야.

그런 후에 갑자기 상황이 바뀌어 주님과 나는 사도바울의 집에 있는 선교방으로 와 있었다. 그 방은 온통 금으로 된 방인데 테이블도 금, 바닥도 금, 의자도 금, 천정도 벽도 다 금이다. 테이블 위에는 세계 지도가 그려진 종이가 펼쳐져 있었다. 주님께서 나에게 열방을 구하라고 하셨으니 나는 먼저 유럽을 내게 달라고 구했다. 그랬더니 거기에 검은 깃발이 하나 딱 꽂혔다. 나는 그다음 인도를 달라고 구했다. 그랬더니 거기도 깃발이 꽂혔고 케냐를 비롯한 아프리카를 달라고 했더니 또 깃발이 아프리카에 꽂히는 것이었다. 그다음에 나는 미국 대륙을 달라하였더니 거기도 깃발이 꽂혔고 그다음 중미와 남미를 달라고 구하였더니 거기도 깃발이 꽂혔고 또한 나는 중국 땅 전체를 달라고 했다. 그랬더니 거기도 깃발이 꽂혔다. 그리고 일본도 달라고 구했더니 일본에도 깃발이 꽂혔다. 그러고 나서 나는 우리나라 대한민국 남한과 북한을 달라고 구했다. 그리하였더니 거기에도 깃발이 꽂혔다. 그런데 우리나라를 달라고 구할 때에는 마음이 급하여지면서 내 눈에 눈물이 맺혔다. 그랬더니 우리나라 대한민국 남한과 북한에는 깃발이 두 개씩 꽂히는 것이 보였다. '와우~'
이렇게 나는 세계를 나에게 달라고 주님께 요구했다. 그렇게 깃발들이 꽂힌 그 큰 세계 지도를 사도 바울 선생이 그 선교의 방 한쪽 벽 전체에다가 붙여 놓는 것이었다. 할렐루야. 할렐루야. 주여!...

[행 1:8]

오직 성령이 너희에게 임하시면 너희가 권능을 받고 예루살렘과 온 유대와 사마리아와 땅 끝까지 이르러 내 증인이 되리라 하시니라

[마 28:18-20]

18 예수께서 나아와 일러 가라사대 하늘과 땅의 모든 권세를 내게 주셨으니 19 그러므로 너희는 가서 모든 족속으로 제자를 삼아 아버지와 아들과 성령의 이름으로 세례를 주고 20 내가 너희에게 분부한 모든 것을 가르쳐 지키게 하라 볼지어다 내가 세상 끝날까지 너희와 항상 함께 있으리라 하시니라

(3) 남북이 통일되는 것을 다시 한번 보여주시다.

그런 후에 주님께서는 나를 회의실로 데리고 가셨다.
여기는 이전에 나로 하여금 한국전쟁을 예언하게 하실 때에 매번 데리고 가신 곳이었다.
그곳에는 아니나 다를까 테이블 위에 한국 지도가 놓여져 있었고 남한에는 큰 태극기 하나가 남한 전체를 도배하고 있었다. 그러나 북한은 아무것도 없는 그냥 땅으로 보였다. 그러자 그곳에 남한을 채운 태극기 같은 것 하나가 또 북한을 채우는 것이 보였다. '와우~' 나는 '결국 통일이구나!'를 직감하였다. 왜냐하면 남한의 태극기가 북한에도 채워지는 것을 보았기 때문이다.
할렐루야.
주님께서는 다시 한번 나에게 남한이 북한을 통일시킨다는 것을 이렇게 보여주신 것이었다. 그런 후에 주님께서는 거기 회의실에 와 있는 믿음의 선진들에게 이렇게 말씀하시는 것이 알아졌다. 이번 '학회에 누가 나와 함께 내려가겠느냐?'라고 물으시는 것이 그냥 알

아졌다. 그리하였더니 사도 바울이 '제가 내려가겠습니다.' 그 이유는 학회에서 이기는 자와 이기지 못하는 자를 발표하는 것에 대하여 그리고 크리스천도 지옥갈 수 있다는 것을 발표하는 것에 대하여 '제가 지지하겠습니다'라는 뜻이 나에게 전달되었다.

그다음 사도 요한이 '저도 내려가겠습니다. 하나님의 인을 발표하는 것에 대하여 제가 지지하겠습니다.'라고 했다.

그다음 모세가 '저도 내려가겠습니다. 생명책에 이름이 지워질 수 있다는 것을 제가 지지하겠습니다.'라는 것이 내게 전하여졌다.

할렐루야. 할렐루야.

그다음 에스더가 '나는 죽으면 죽으리라' 하는 마음을 이기는 자와 이기지 못하는 자를 발표하는 자에게 주겠습니다.

그다음 베드로가 말하기를 '나도 내려가겠습니다.'라고 했고 그다음 마리아가 '나도 내려갑니다'라고 말하여 주님과 함께 6명의 믿음의 선진들이 학회장소에 내려오겠다고 말한 것이다.

주여~~

학회에 대한 추가설명 : 2020년 8월에 국내외의 내노라 하는 8명의 신학자들이 주님께서 내게 쓰라고 하신 천국 지옥에 대한 간증 책들에 대한 신학 포럼을 서울에 있는 기독교 100주년 기념관에서 진행했다. 그들은 맡은 제목들로 발표하였고 그들 모두의 결론은 서사라 목사의 천국지옥 간증은 너무 성경적이고 또한 성도들의 신앙생활에 매우 실제적인 도움을 준다고 결론을 맺었다. 그리하여 그들의 논문들을 같은 해 11월 달에 '성경해석의 새지평'으로 출판하였다.

(4) 예수님의 피의 능력이 얼마나 큰지 다시 한번 알게 하여 주시다.

그런 후에 주님께서는 나를 다시 이사야의 집 근처 생명수 강가로 나를 데리고 가셨다. 그곳에서 나는 갑자기 아담과 하와에 대한 질문이 생겼다. 그리하였더니 순식간에 너무나 성결하여 보이는 그리고 밝은 두 남녀가 보였다. 그들의 모습은 처음에 하나님께서 처음 창조하여 놓았을 때의 모습이었다.

[창 2:7]

여호와 하나님이 흙으로 사람을 지으시고 생기를 그 코에 불어 넣으시니 사람이 생령이 된지라

그다음 하나님께서는 아담의 갈비뼈 하나를 뽑아 여자를 만들어 아담에게 데려왔더니 아담이 하와라고 이름을 지었다.

[창 2:18-24]

18 여호와 하나님이 가라사대 사람의 독처하는 것이 좋지 못하니 내가 그를 위하여 돕는 배필을 지으리라 하시니라 19 여호와 하나님이 흙으로 각종 들짐승과 공중의 각종 새를 지으시고 아담이 어떻게 이름을 짓나 보시려고 그것들을 그에게로 이끌어 이르시니 아담이 각 생물을 일컫는 바가 곧 그 이름이라 20 아담이 모든 육축과 공중의 새와 들의 모든 짐승에게 이름을 주니라 아담이 돕는 배필이 없으므로 21 여호와 하나님이 아담을

깊이 잠들게 하시니 잠들매 그가 그 갈빗대 하나를 취하고 살로 대신 채우시고 22 여호와 하나님이 아담에게서 취하신 그 갈빗대로 여자를 만드시고 그를 아담에게로 이끌어 오시니 23 아담이 가로되 이는 내 뼈 중의 뼈요 살 중의 살이라 이것을 남자에게서 취하였은즉 여자라 칭하리라 하니라 24 이러므로 남자가 부모를 떠나 그 아내와 연합하여 둘이 한 몸을 이룰지로다

아담과 하와를 하나님께서 처음 창조하였을 때의 그 상태의 두 남녀가 내 눈에 보였다. 그리고 그다음 그들이 선악과를 먹는 것이 보이더니 갑자기 그들의 몸의 색깔이 밤색깔로 변하였다. 그리고 하와가 남편 아담에게 대들고 싸움질하는 것이 보였다. 그리고서는 이들이 아들을 낳았다. 하와는 계속 그렇게 세상적으로만 살다가 지옥을 간 것이 알아졌다. 두 아들 중 아벨이 부모인 아담과 하와에게 그렇게 회개하고 피의 제사를 드려야 된다고 말했으나 그들은 '나는 이게 좋아 나는 이렇게 살거야' 하면서 거부하였던 것이 알아졌다. 그러다가 아담과 하와는 결국 지옥에 떨어진 것이 보였다. '아~ 주여~'

그 순간 이전에 내가 지옥을 방문하였을 때에 보았던 아담과 하와가 벌거벗은 몸으로 뼈만 남아있는 모습이 보였다. 뼈만 남아 있고 거기에 살이 거의 없었다. 눈도 없고 구멍만 보였다. 주여~~
이들은 또 내게 이렇게 말하는 것이었다.
"저게 또 왔네." 이들은 회개하지 않았다.
그 옆방에는 가인이 있는 것이 알아졌다.
그 순간 주님께서는 아벨의 피의 제사가 얼마나 귀한 것인지 또 얼

마나 능력이 있는 것인지를 알게 하여주셨다. 그들이 회개만 하였더라도 즉 아벨의 권유에 따라 피의 제사만 드렸더라도 이들은 지옥을 면할 수 있었을 것이다.
성경은 말한다.

'피 흘림이 없이는 죄사함이 없나니'(히 9:22)

갑자기 예수님의 피의 능력이 얼마나 귀한지 얼마나 죄를 사하는 능력이 큰지가 새삼스럽게 알아졌다. 그리고 새 예루살렘 성안으로 들어가는 자격을 얻은 것도 바로 이 피의 능력으로 들어감이 알아진 것이다.

[계 22:14]
그 두루마기를 빠는 자들은 복이 있으니 이는 저희가 생명 나무에 나아가며 문들을 통하여 성에 들어갈 권세를 얻으려 함이로다

즉 두루마기를 빠는 행위는 회개하는 행위인데 이 옷이 예수 그리스도의 흘리신 피로 깨끗하게 되는 것이다.
즉 회개하는 것이 얼마나 중요한지 순간적으로 알아졌다.
즉 계시록 22장 14절에서 말하는 것처럼, '두루마기를 빠는 자들은 복이 있나니' 왜? 이 말씀은 우리가 우리의 옷을 예수님의 보혈의 피에다가 빨면 성안에 들어갈 수 있다는 것이다. 할렐루야.

성밖에 쫓겨나는 자들은 이들의 옷을 한번 빨고서는 그 다음은 다

시는 그 죄를 짓지 않고 옳은 행실로 옮겨가야 하는데 옮겨가지 못하고 동일한 죄를 계속 짓다가 그리고 회개를 반복하다가 결국은 성밖에 남게 된 것이다. 그들은 결코 옳은 행실로 돌아가지 못하였다. 그러므로 이 모든 것에 예수의 피가 얼마나 중요한지 새삼스럽게 알아졌다.

그리고서는 나는 지상으로 돌아왔다.

할렐루야. 오늘 새삼스럽게 회개의 중요성 즉 피의 능력을 새롭게 알게 하신 주님을 찬양합니다.

 구약편 3권

하나님께서 이사야에게 아랫도리를 벗은 몸으로 3년간 행하라는 명령 앞에 그대로 순종할 수 있었던 이사야에 대한 의문이 다 풀리다.

(2020년 10월 10일)

[사 20:2~3]

2 곧 그때에 여호와께서 아모스의 아들 이사야에게 일러 가라사대 갈지어다 네 허리에서 베를 끄르고 네 발에서 신을 벗을지니라 하시매 그가 그대로 하여 벗은 몸과 벗은 발로 행하니라 3 여호와께서 가라사대 나의 종 이사야가 삼년 동안 벗은 몸과 벗은 발로 행하여 애굽과 구스에 대하여 예표와 기적이 되게 되었느니라

이 말씀 때문에 나는 며칠 동안 끙끙 앓고 있었다. 왜냐하면 이사야가 3년 동안 하나님께서 벗은 몸 벗은 발로 행하라 하여 그렇게 하였다는 것 때문이었다. 그것도 하나님께서 이사야에게 애굽과 구스에 대한 예표로 그렇게 행하라 하셨는데 이사야는 그렇게 명령받은 그대로 행했다는 것이다.

그러나 나는 이사야가 이렇게 3년 동안이나 허리 아래가 벗은 몸 벗은 발로 다녔다는 사실 앞에 넋을 잃고 말았다.
왜냐하면 아무리 그렇지만 아무리 하나님의 명령이지만 그렇게 아랫도리를 다 드러낸 채 3년 동안 벗은 몸으로 다녔을 수가 있었을

까? 하는 것이다. 나는 어떻게 그것이 가능할 수가 있었을까? 하면서 도무지 이해가 가지 않았다.

아무리 하나님의 명령이라 하더라도 이것은 너무 했다. 나는 정말 그렇게 생각하면서 고민에 빠졌다. '이사야는 했는데 왜 나는 못하겠다고 생각이 드는가' 하는 것이다. '그럼 나는 하나님 앞에 가짜인가?' 하는 생각이 들면서 내가 꼭 그런 것만 같아서 마음이 괴로워지기 시작했다. 하나님의 메시지를 전한다고 하면서 하나님께서 나에게 그렇게 아랫도리를 다 벗고 신발도 안 신고 그렇게 3년간을 벗은 몸으로 돌아다니라 명령하시면 내가 과연 할 수 있을까? 라고 생각하니까 나는 도저히 정말 못 할 것 같아 나 스스로에게 절망하고 있었다.

그렇게 나 자신에 대하여 절망하고 있는 며칠째 되는 날,
오늘은 내가 반드시 기도 후에 천국에 올라가게 되면 이사야를 만나고 말거야 하는 각오로 저녁 시간에 기도로 들어갔다.

그런데 주님께서 기도 중에 나에게 말씀하시기 시작하셨다.
"네가 오늘 이사야를 만나기를 원하느냐"
"네"
나는 내가 왜 이사야를 만나기를 원하는지를 잠시 생각해 보았다.
'이사야는 어떻게 그렇게 하나님의 말씀 앞에 순종할 수 있었는가?' 하는 것이다.
이사야는 하나님 앞에 선지자였다. 그래서 하나님께서 시키는 심부

름 즉 선지자 역할을 잘하다가 하나님께서 갑자기 벗은 몸과 벗은 발로 3년간을 다니라고 명령하셨을 때에 그렇게 순종한 그에게 사람들의 시선은 너무나 매몰찼을 것이다.

또한 이 모든 이들로부터 이사야는 자신이 버림받은 것 같은 그러한 느낌을 3년 동안 가졌을 것이다. 이것은 정말 말로 표현할 수 없는 괴로움이었을 수도 있다.

한 달도 아니고 1년도 아닌 즉 횟수로 3년을 지내면서 가장 친한 친구들도 또한 가족들도 다 그를 외면하였을 것이고 그리고 오히려 시간이 흐름에 따라 사람들은 이사야를 선지자로 여기기는 커녕 이제는 완전히 미쳐버린 정신병자 취급을 하였을 것이 분명하다.

그들은 이사야에 대하여 이렇게 말했을 것이다.

'저 인간이 하나님의 계시를 전한다고 그러더니 이제는 완전히 미쳐 버렸네...'라고 빈정대고 멸시하였을 것이다. 왜냐하면 이사야가 3년 동안 하나님께서 시키는 대로 아랫도리를 다 벗고 벗은 발로 그들 앞에서 다녔으니 말이다.

나는 생각해 본다.

'아니, 이사야의 아내는 그를 어떻게 대했을까?'
'그리고 그의 가족들은 그에게 도대체 뭐라고 했을까?'

나는 이 상황을 사도 바울이 자신이 복음을 전하다가 만물의 찌끼보다 더 못한 취급을 받았노라고 한 상황과 유사한 상황이 아닐까 생각해 본다.

아니 이것보다 더한 상황이었을 수도 있다. 왜냐하면 이 상황은 하루 이틀이 아니라 무려 3년이나 지속되었기 때문이다.
나는 기도 속에서 이러한 생각을 하고 있을 때 주님께서는 그러한 나의 생각을 아시고 내게 이렇게 질문하셨다.

"너는 무엇을 원하느냐"

"네, 저는 주님만을 원합니다"

그 순간 그렇게 대답하고 나니 내가 원하는 것은 오직 주님뿐이니 세상의 시선들은 그렇게 그다지 중요하게 생각되지 않았다.
그러자 이사야에게도 이러한 동일한 상황이었을 것이라는 생각이 들어왔다.
즉 이사야에게도 주님만이 중요하니 세상의 시선과 비방과 멸시는 그에게 중요하지 않았을 것이라는 생각 말이다. 그래서 그는 3년을 그렇게 순종할 수 있었던 것이다.
그런데 그렇게만 생각하려 하니 분명 이 이유만은 아닌 것 같았다. 더 이유가 있을 것 같아서 아직도 내 마음이 시원하지 않았다.
그래서 나는 아직도 그렇게 못할 것 같은 느낌이 내 안에서 사라지 않고 있었다.
그런데 그 때에 갑자기 깨달아지는 것이 있었다. 그것은 다음과 같은 것이었다.
'그렇구나! 주님께서 등에 채찍을 40에 하나 감한 매를 39대나 맞으시고 우리를 위하여 십자가에 세 개의 못으로 박히셔서 6시간 동안 달리셨던 그 고통을 생각하니 하나님께서 나에게 3년 동안 벗은 몸으로 행하라 하실 때에 내가 당하는 그 고통은 사실 주님이 죽기 전에 십자가에서 당하신 그 고통에 비하면 사실 아무것도 아니라는 생각이 들어왔다.
'아하 바로 이것이었구나~~~'
주님이 나를 위하여 십자가에서 당하신 그 고통을 생각하면 사실 우리가 아무리 이 세상에서 주님 때문에 고통을 당한다 해도 주님의 고통에 비하면 아무것도 아닌 것이 알아진 것이다.

'할렐루야. 할렐루야. 그렇구나 그렇구나!'
그러니 우리가 아무리 힘든 고통을 이 땅 위에서 겪는다 할지라도 주님께서 당하신 그 극심한 고통을 생각하니 아하, 이제야 나도 할 수 있을 것 같은 생각이 들어왔다.
할렐루야.

'아하, 그렇구나! 이제야 주님 해결되었습니다. 이제 저는 주님이 그렇게 하라 하시면 세상이 내게 얼마나 등을 돌릴지는 모르나 이제는 할 수 있을 것 같습니다. 아니 해야 할 것입니다. 왜냐하면 우리가 당하는 고통은 주님이 십자가상에서 당하신 고통에 비하면 정말 아무것도 아니기 때문입니다.

아 주님 감사합니다. 이렇게 저에게 시원한 해답을 주셔서....
이렇게 하여 나의 수일 동안 침체되었던 내가, 나는 할 수 없을 것 같은 절망 속에 있던 내가 오늘 기도 속에서 주님과의 대화에서 풀리게 된 것이다.

'할렐루야. 할렐루야. 주님 감사합니다.'
그러나 아직도 저는 '천국에서 이사야를 만나면 이 사건에 대하여 반드시 질문을 하고 싶습니다.'라고 대답하였다.

그런 후에 주님의 은혜로 나는 천국에 올라가게 되었다.
열 마리의 말들이 끄는 아름다운 수레가 나를 데리러 왔고 수레 바깥의 천사와 수레를 모는 아름다운 천사도 왔다. 나는 그들에 의하여 즉시 천국에 도착하였고 나는 연못가에 있는 주님을 만났다. 연못가에 계신 주님께서는 오늘따라 황금 면류관을 쓰고 계셨고 바깥에 자색깔이 나는 듯한 가운에 황금 띠로 가장자리가 되어 있는 가운을 흰옷 위에 입고 계셨다. 내 모습을 보니 나도 주님과 동일하게 생긴 좀 작은 황금 면류관을 쓰고 있었다. 주님께서는 나를 연못가의 의자에 앉히시고 내 발과 손을 씻어주셨다. 여느 때와 같이 나는 벤치 옆에 놓여 있는 꽃신을 신고 연못 위로 걸어 들어갔다. 나는 아주 아름다운 푸른 빛이 나는 망사 같은 옷을 입고 있었다. 나는 연못 위로 걸어 들어가 오른편 터널의 황금 문을 열어젖히고 터널 안으로 들어섰다.
이 터널의 끝이 나를 즉시 이사야의 집 옆에 있는 생명수 강가에 놓여 있는 피크닉 테이블에 도착하게 하여 주었다.
주님은 벌써 거기에 와 계셨고 이사야도 키가 좀 큰 편으로 조금 야윈 편인데 아래위로 하늘색을 입고 벌써 와 있었다.
오늘은 조금 다른 것이 저편에 예수님께서 이편에 내가 그리고 내 오른편에 이사야가 앉았다.
나는 성경의 그 대목(사 20:2-3)을 물으려 하니 벌써 테이블 위에 성경책이 놓여졌다. 이사야 20장이 펼쳐져 있었다. 나는 그 구절들을 가리키며 이사야에게 물으려 하였다.

[사 20:1-6]

1 앗수르 왕 사르곤이 군대 장관을 아스돗으로 보내매 그가 와서 아스돗을 쳐서 취하던 해 2 곧 그 때에 여호와께서 아모스의 아들 이사야에게 일러 가라사대 갈지어다 네 허리에서 베를 끄르고 네 발에서 신을 벗을지니라 하시매 그가 그대로 하여 벗은 몸과 벗은 발로 행하니라 3 여호와께서 가라사대 나의 종 이사야가 삼년 동안 벗은 몸과 벗은 발로 행하여 애굽과 구스에 대하여 예표와 기적이 되게 되었느니라 4 이와 같이 애굽의 포로와 구스의 사로잡힌 자가 앗수르 왕에게 끌려 갈 때에 젊은 자나 늙은 자가 다 벗은 몸, 벗은 발로 볼기까지 드러내어 애굽의 수치를 뵈이리니 5 그들이 그 바라던 구스와 자랑하던 애굽을 인하여 놀라고 부끄러워할 것이라 6 그 날에 이 해변 거민이 말하기를 우리가 믿던 나라 곧 우리가 앗수르 왕에게서 벗어나기를 바라고 달려가서 도움을 구하던 나라가 이같이 되었은즉 우리가 어찌 능히 피하리요 하리라

그랬더니 이사야는 벌써 그의 눈에서 눈물이 흘러내리고 있었다.
나는 이사야에게 물었다. 그때 어떠하였느냐고 그랬더니 이사야가 말했다. '가족도 친구도 다 나를 버렸었노라고'
'오~ 그렇구나!' 내가 예상하였던 대로였다.
그런데 어떻게 이 상황을 견뎠냐고 나는 이사야에게 물었다.
그랬더니 이사야가 말했다. '주님이 나와 함께하여 주셨다'고.
그렇다. 주님께서 함께하여 주셨다면 이 세상의 모든 사람이 이사야를 버린다 할지라도 참을 수 있었을 것이라는 생각이 들어왔다.
'그렇구나! 그것이 바로 비결이었구나...'가 알아졌다.

주님께서 매일 매 순간 그와 함께하여 주셨다면 아무리 어려운 상황이었다 할지라도 견딜 수 있었을 것임이 알아진 것이다. 주여!

할렐루야. 그리하여 오늘에야 사 20장 2절-3절에 대한 나의 의문이 다 풀리게 되었다.
할렐루야. 주님 감사합니다.

21 구약편 3권
여호와의 사자 한 명이 앗수르 진영의 군사들 18만 5천 명을 죽인 사건과 애굽의 장자를 친 사건이 거의 동일한 것이 알아졌다.

(2020년 10월 21일)

나를 데리러 오는 수레에 매인 말들이 열한 마리이다. 즉 '지도'라는 이름을 가진 말이 한 마리 더 늘어났다. 아니 이전부터 늘어났었다. 그리고 이제 정규적으로 열 마리와 함께 나타나서 온유 충성 지도 사랑 지혜 인내 승리 소망 믿음 겸손 찬양…. 이렇게 오른편부터 왼편으로 줄 서듯이 일렬로 줄에 매달려 있다. 이들은 수레를 끄는 말들이었다. 천국에 도착한 나는 이사야의 집의 생명수 강가에서 주님과 이사야 그리고 내가 앉아서 대화를 하였다. 나는 하룻밤 사이에 18만 5천 명이 죽은 사건을 묻고 있었다.

즉 여호와의 사자가 여기는 단수로 나타나는데 그가 하룻밤 사이에 앗수르 진영의 군사들 18만 5천 명을 하룻밤 사이에 죽인 사건에 대하여 묻고 있었는데 그때에 갑자기 이 사건은 이전에 하나님께서 이스라엘 민족을 애굽에서 출애굽 시키실 때에 하나님의 사자가 애굽의 모든 장자들을 밤새 다 죽인 사건과 동일하다는 것을 알게 하여 주시는 것이었다.

출애굽 할 때에 여호와의 사자, 죽음의 사자가 애굽의 모든 가정의 장자를 그 날 밤 죽인 사건이 생각이 나면서 이러한 것과 거의 유사한 사건인 것이 알아진 것이다.
'오~, 할렐루야. 그렇구나 그러한 것이었네...'

남유다를 치러온 앗수르 진영의 군사들 18만 5천에 대한 배경 이야기를 보면 다음과 같다.

[사 36:1-18]

1 히스기야 왕 십 사년에 앗수르 왕 산헤립이 올라와서 유다 모든 견고한 성을 쳐서 취하니라 2 앗수르 왕이 라기스에서부터 랍사게를 예루살렘으로 보내되 대군을 거느리고 히스기야 왕에게로 가게 하매 그가 세탁업자의 터의 대로 윗못 수도구 곁에 서매 3 힐기야의 아들 궁내 대신 엘리아김과 서기관 셉나와 아삽의 아들 사관 요아가 그에게 나아가니라 4 랍사게가 그들에게 이르되 이제 히스기야에게 고하라 대왕 앗수르 왕이 이같이 말씀하시기를 네가 의뢰하니 무엇을 의뢰하느냐 5 내가 말하노니 네가 족히 싸울 모략과 용맹이 있노라 함은 입술에 붙은 말 뿐이니라 네가 이제 누구를 의뢰하고 나를 반역하느냐 6 보라 네가 애굽을 의뢰하도다 그것은 상한 갈대지팡이와 일반이라 사람이 그것을 의지하면 손에 찔려 들어

가리니 애굽 왕 바로는 그 의뢰하는 자에게 이와 같으니라 7 혹시 네가 내게 이르기를 우리는 우리 하나님 여호와를 의뢰하노라 하리라 마는 그는 그의 산당과 제단을 히스기야가 제하여 버리고 유다와 예루살렘에 명하기를 너희는 이 제단 앞에서만 경배하라 하던 그 신이 아니냐 하셨느니라 8 그러므로 이제 청하노니 내 주 앗수르 왕과 내기하라 나는 네게 말 이천필을 주어도 너는 그 탈 자를 능히 내지 못하리라 9 그런즉 네가 어찌 내 주의 종 가운데 극히 작은 장관 한 사람인들 물리칠 수 있으랴 어찌 애굽을 의뢰하여 병거와 기병을 얻으려 하느냐 10 내가 이제 올라와서 이 땅을 멸하는 것이 여호와의 뜻이 없음이겠느냐 여호와께서 내게 이르시기를 올라가 그 땅을 쳐서 멸하라 하셨느니라 11 이에 엘리아김과 셉나와 요아가 랍사게에게 이르되 우리가 아람 방언을 아오니 청컨대 그 방언으로 당신의 종들에게 말씀하고 성위에 있는 백성의 듣는데서 유다 방언으로 말하지 마소서 12 랍사게가 가로되 내 주께서 이 일을 네 주와 네게만 말하라고 나를 보내신 것이냐 너희와 함께 자기의 대변을 먹으며 자기의 소변을 마실 성 위에 앉은 사람들에게도 하라고 보내신 것이 아니냐 13 이에 랍사게가 일어서서 유다 방언으로 크게 외쳐 가로되 너희는 대왕 앗수르 왕의 말씀을 들으라 14 왕의 말씀에 너희는 히스기야에게 미혹되지 말라 그가 능히 너희를 건지지 못할 것이니라 15 히스기야가 너희로 여호와를 의뢰하게 하려는 것을 받지 말라 그가 말하기를 여호와께서 반드시 우리를 건지시리니 이 성이 앗수르 왕의 손에 붙임이 되지 아니하리라 할지라도 16 히스기야를 청종치 말라 앗수르 왕이 또 말씀하시기를 너희는 내게 항복하고 내게로 나아오라 그리하면 너희가 각각 자기의 포도와 자기의 무화과를 먹을 것이며 각각 자기의 우물 물을 마실 것이요 17 내가 와서 너희를 너희 본토와 같이 곡식과 포도주와 떡과 포도원이 있는 땅에 옮기기까지 하리라 18 혹시 히스기야가 너희에게 이르기를 여호와께서 우리를 건지시리라 할지라도 꾀임을 받지 말라 열국의 신들 중에 그 땅을 앗수르 왕의 손에서 건진 자가 있느냐

앗수르왕과 랍사게가 유다가 섬기는 하나님을 능멸하였다. 어떤 신

이 앗수르 왕에게서 너희를 구하겠느냐라고 조롱하는 것을 볼 수 있다.

[사 37:1-20]

1 히스기야 왕이 듣고 그 옷을 찢고 굵은 베를 입고 여호와의 전으로 갔고 2 궁내대신 엘리아김과 서기관 셉나와 제사장 중 어른들도 굵은 베를 입으니라 왕이 그들을 아모스의 아들 선지자 이사야에게로 보내매 3 그들이 이사야에게 이르되 히스기야의 말씀에 오늘은 환난과 책벌과 능욕의 날이라 아이를 낳으려 하나 해산할 힘이 없음 같도다 4 당신의 하나님 여호와께서 랍사게의 말을 들으셨을 것이라 그가 그 주 앗수르 왕의 보냄을 받고 사시는 하나님을 훼방하였은즉 당신의 하나님 여호와께서 혹시 그 말에 견책하실까 하노라 그런 즉 바라건대 당신은 이 남아 있는 자를 위하여 기도하라 하시더이다 5 이와 같이 히스기야 왕의 신하들이 이사야에게 나아가매 6 이사야가 그들에게 이르되 너희는 너희 주에게 이렇게 고하라 여호와께서 말씀하시되 너희의 들은바 앗수르 왕의 종들이 나를 능욕한 말을 인하여 두려워 말라 7 보라 내가 신을 그의 속에 두리니 그가 풍성을 듣고 그 고토로 돌아갈 것이며 또 내가 그를 그 고토에서 칼에 죽게 하리라 하셨느니라 8 랍사게가 앗수르 왕이 라기스를 떠났다 함을 듣고 돌아가다가 그 왕이 립나 치는 것을 만나니라 9 그 때에 앗수르 왕이 구스 왕 디르하가의 일에 대하여 들은즉 이르기를 그가 나와서 왕과 싸우려 한다 하는지라 이 말을 듣고 사자들을 히스기야에게 보내며 가로되 10 너희는 유다 왕 히스기야에게 이같이 고하여 이르기를 너는 너의 의뢰하는 하나님이 예루살렘이 앗수르 왕의 손에 넘어가지 아니하리라 하는 말에 속지 말라 11 앗수르 왕들이 모든 나라에 어떤 일을 행하였으며 그것을 어떻게 멸절시켰는지 네가 들었으리니 네가 건짐을 얻겠느냐 12 나의 열조가 멸하신 열방 고산과 하란과 레셉과 및 들라살에 거하는 에덴 자손을 그 나라 신들이 건졌더냐 13 하맛 왕과 아르밧 왕과 스발와임성의 왕과 헤나 왕과 이와 왕이 어디 있느냐 하라 하였더라 14 히스기야가 사자의 손에서 글을 받아 보고 여호와의 전에 올라가서 그 글을 여호와 앞에 펴놓고 15

여호와께 기도하여 가로되 16 그룹 사이에 계신 이스라엘 하나님 만군의 여호와여 주는 천하만국의 유일하신 하나님이시라 주께서 천지를 조성하셨나이다 17 여호와여 귀를 기울여 들으시옵소서 여호와여 눈을 떠 보시옵소서 산헤립이 사자로 사시는 하나님을 훼방한 모든 말을 들으시옵소서 18 여호와여 앗수르 왕들이 과연 열국과 그 땅을 황폐케 하였고 19 그들의 신들을 불에 던졌사오나 이들은 참 신이 아니라 사람의 손으로 만든 것뿐이요 나무와 돌이라 그러므로 멸망을 당하였나이다 20 우리 하나님 여호와여 이제 우리를 그의 손에서 구원하사 천하만국으로 주만 여호와이신 줄을 알게 하옵소서

[사 37:33-38]

33 그러므로 여호와께서 앗수르 왕에 대하여 가라사대 그가 이 성에 이르지 못하며 한 살도 이리로 쏘지 못하며 방패를 가지고 성에 가까이 오지도 못하며 흉벽을 쌓고 치지도 못할 것이요 34 그가 오던 길 곧 그 길로 돌아가고 이 성에 이르지 못하리라 나 여호와의 말이니라 35 대저 내가 나를 위하며 내 종 다윗을 위하여 이 성을 보호하며 구원하리라 하셨나이다 36 여호와의 사자가 나가서 앗수르 진중에서 십 팔만 오천인을 쳤으므로 아침에 일찌기 일어나 본 즉 시체 뿐이라 37 이에 앗수르 왕 산헤립이 떠나 돌아가서 니느웨에 거하더니 38 자기 신 니스록의 묘에서 경배할 때에 그 아들 아드람멜렉과 사레셀이 그를 칼로 죽이고 아라랏 땅으로 도망한 고로 그 아들 에살핫돈이 이어 왕이 되니라

즉 하나님께서 하나님의 사자를 통하여 앗수르 진영의 군사들 18만 5천 명을 하룻밤 사이에 죽게 한 것이다. 그래서 이들은 하루아침에 시체로 발견된 것이었다. 출애굽 당시 이스라엘 민족이 사는 고센 지역에서는 죽음의 사자가 어린양의 피가 문지방과 인방에 발라져 있는 것을 보고 그냥 넘어갔다. 이것을 PassOver(유월절)라고 하는

것이다.

그 고센 지역을 뺀 나머지 애굽 지역에서는 모든 장자가 죽음의 사자에 의하여 다 죽은 것이다. 그 숫자는 18만 5천보다 더 많았을 것으로 보인다.

그러자 애굽 왕이 자신의 장자도 죽고 백성들의 모든 장자들이 죽자 그 전까지는 허락하지 않다가 이제는 이스라엘 민족을 광야에 그들의 신에게 제사지내러 내어 보낸 것이었다. 그래서 이스라엘 민족은 결국 애굽에서 나오게 된다. 할렐루야.

[출 12:29-30]

29 밤중에 여호와께서 애굽 땅에서 모든 처음 난 것 곧 위에 앉은 바로의 장자로부터 옥에 갇힌 사람의 장자까지와 생축의 처음 난 것을 다 치시매 30 그 밤에 바로와 그 모든 신하와 모든 애굽 사람이 일어나고 애굽에 큰 호곡이 있었으니 이는 그 나라에 사망치 아니한 집이 하나도 없었음이었더라

성경은 이렇게 말씀한다. 여호와의 말씀에는 짝이 없는 말씀이 없다고.

[사 34:16]

너희는 여호와의 책을 자세히 읽어 보라 이것들이 하나도 빠진 것이 없고 하나도 그 짝이 없는 것이 없으리니 이는 여호와의 입이 이를 명하셨고 그의 신이 이것들을 모으셨음이라

말씀으로 이 세상을 지으신 하나님은 하룻밤 사이에 군사 18만 5천 명을 죽이시는 일과 또한 이스라엘 민족이 애굽을 나오던 그 날밤에 애굽의 집의 모든 장자를 죽이신 것은 창조주 하나님께서 하신 일로 그렇게 놀랄 일은 아니다.

그분은 순간적으로 무에서 유를 창조하시고 또한 유에서 무로 되돌릴 수 있으신 분이신 것이다.

우리가 믿는 하나님은 죽은 자도 살리시고 산 자도 그 생명을 앗아가시는 분이신 것이다.

사무엘의 어머니 한나가 하나님을 사무엘을 얻고 나서 하나님께 이렇게 찬송하였다.

[삼상 2:6-7]

6 여호와는 죽이기도 하시고 살리기도 하시며 음부에 내리게도 하시고 올리기도 하시는도다 7 여호와는 가난하게도 하시고 부하게도 하시며 낮추기도 하시고 높이기도 하시는도다

그리고 하나님께서는 이 세상의 마지막에는 말씀 한마디로 이 세상을 다 태우셔서 지금 보이는 하늘과 땅이 없어지게 하실 분이신 것이다.

[벧후 3:10-13]

10 그러나 주의 날이 도적같이 오리니 그 날에는 하늘이 큰 소리로 떠나가고 체질이 뜨거운 불에 풀어지고 땅과 그 중에 있는 모든 일이 드러나리로다 11 이 모든 것이 이렇게 풀어지리니 너희가 어떠한 사람이 되어야 마땅하뇨 거룩한 행실과 경건함으로 12 하나님의 날이 임하기를 바라보고 간절히 사모하라 그 날에 하늘이 불에 타서 풀어지고 체질이 뜨거운 불에 녹아지려니와 13 우리는 그의 약속대로 의의 거하는바 새 하늘과 새 땅을 바라보도다

[계 20:11]

또 내가 크고 흰 보좌와 그 위에 앉으신 자를 보니 땅과 하늘이 그 앞에서 피하여 간데 없더라

[계 21:1]

또 내가 새 하늘과 새 땅을 보니 처음 하늘과 처음 땅이 없어졌고 바다도 다시 있지 않더라

이 지금 보이는 땅과 하늘도 없애시고 새 하늘과 새 땅을 여시는 하나님께서 하루아침에 앗수르 군사 18만 5천 명을 죽이는 것과 하룻밤 사이에 애굽의 모든 장자를 다 죽이는 것은 정말 문제도 아니신 것이다.
할렐루야.

이스라엘의 하나님을 능멸하고 무시하고 그 능력을 얕본 앗수르 왕과 그 군사들의 최후는 하나님께서 그 군사들은 하루아침에 18만 5천 명이 다 죽게 하셨고 앗수르 왕도 고국으로 돌아가 그의 아들들

에게 죽게 하신 것이다.

[나 1:2]

여호와는 투기하시며 보복하시는 하나님이시니라 여호와는 보복하시며 진노하시되 자기를 거스리는 자에게 보복하시며 자기를 대적하는 자에게 진노를 품으시며

[삼상 2:10]

여호와를 대적하는 자는 산산이 깨어질 것이라 하늘 우뢰로 그들을 치시리로다 여호와께서 땅 끝까지 심판을 베푸시고 자기 왕에게 힘을 주시며 자기의 기름 부음을 받은 자의 뿔을 높이시리로다 하니라

22 구약편 3권
예수님께서 우리가 이 세상에서 가장 두려워하여야 할 것과 이 세상에서 가장 중요하게 여길 것이 무엇인지 가르쳐주시다.

(2020년 10얼22일)

아침에 두세 시간 기도한 후에 천국에 올라가게 되었다.
열한 마리가 이끄는 수레가 왔고 수레 바깥에서 나를 인도하는 천

사는 눈물을 보였다.

"주인님, 많이 기다렸어요?" 그동안 많이 올라가지 못한 것에 대한 나를 기다린 눈물이었다. 나는 큰 수레를 타자 세 명의 천사가 수레 안에서 나를 맞이하여 주었다.

들어가는 문 쪽에 가까운 쪽으로 키가 8-9피트 되는 키가 큰 천사가 날개 달린 흰옷을 입고 나를 맞이하여 주었고 그다음은 정상적인 사람의 키를 가진 흰옷 입고 날개 달린 천사가 나를 맞아주었다. 그다음은 여성처럼 생긴 천사인데 주황색 비슷한 옷을 아래위로 입은 날개도 온통 주황색인 얼굴도 단발머리의 천사가 쟁반에 구약 책 겉표지가 쑥색이고 황금 테두리가 얇게 둘러진 두꺼운 구약 책을 담아서 내게 건네주었다. 나는 그 구약 책을 받아서 내가 앉는 자리로 와서 앉았는데 내 앞에는 아주 아름다운 유리그릇 같은 것이 놓여져 있었다. 그러자 수레 바깥의 천사가 '올라갑니다' 하면서 높은 황금 대문에 이르렀는데 여성처럼 보이는 두 천사가 문 바깥에서 활짝 옆으로 문을 열어주었다. 나를 태운 수레는 즉시 천국안으로 들어가서 연못 위의 공중에 멈추어 섰는데 높이는 약 땅에서 약 20-30m 정도의 높이였다. 그래서 나는 그 공중에서 멈추어 선 수레에서 내렸다. 내리는 나를 두 명의 여성처럼 생긴 천사들이 주황색을 띤 옷과 날개를 가진 천사들이었는데 그들이 나의 손을 하나씩 공중에서 잡고 땅 위에 서 계신 예수님께로 나를 인도하였다.

나는 땅에 도착하여 주님 앞에서 기어가듯이 기어갔다. 나의 모습은 머리에는 흰 보석으로 된 면류관과 흰옷을 입고 있었다. 주님도 흰옷을 입고 나를 기다리고 계셨다. 나는 기어가면서 어찌할 바를 모르면서 눈에는 닭똥 같은 큰 눈물방울을 달고 있었다. 주님께 너무나 죄송한 마음이었다. 이렇게 오랜만에 주님을 다시 만난 것이다. 그것이 다 내 잘못인 것 같이 느껴졌다. 즉 내가 죄인이라 그분 앞에서 바로 서지 못하고 기어서 그분의 발밑에까지 왔다. 주님은 나를 일으켜 세우셔서 벤치에 앉히셨다. 주님은 속히 내 발과 손을 생명수 샘물에 씻겨주시고 그리고 생명수 샘물로 내 얼굴까지 씻겨주셨다. 그 후에 다른 천사가 긴 항아리를 가져와 내 머리 위로 부어서 나의 온몸이 씻겨 내려가게 하였다.

그런 후에 나는 꽃신을 신고 연못 위 오른편 터널 문을 열고 들어갔다. 터널 안의 물은 나를 이사야 집의 생명수 강가 옆에 있는 피크닉 테이블에 나를 갖다 놓았다.
거기에는 주님과 이사야가 벌써 와 있었다.
이사야는 키가 큰 편이고 야윈 편이다. 머리는 스포츠 머리로 까만 머리다. 그리고 쌍꺼풀이 없는 눈인데 오늘 웃는 모습이 눈이 째진 상태에서 웃는데 그 모습이 귀엽고 남자답게 보였다.
나는 그제서야 '아하~, 이사야가 그렇게 안 생긴 것은 아니었구나!' 라고 하면서 웃었다. 평상시 이렇게 활짝 웃는 모습을 본 적이 없었다.

나는 내가 이사야를 바라보면서 나에게 무엇인가를 가르쳐 달라고 무언으로 말하고 있었는데 오히려 이사야는 자신이 말하는 것이 아니라 주님께 '주님께서 말씀하여 주세요' 하면서 넘기는 것이 보였다.

주님은 내게 무겁게 한 마디를 물어보셨다.
"너는 네게 가장 두려운 것이 무엇이냐?"
나는 그곳에서 즉시 생각이 나기를
'나의 명예가 즉 나의 이름이 땅바닥에 완전히 밟히는 것이 아닌가' 하는 생각이 났는데 그런데 '아차~ 이것이 아니구나! 나에게는 아직도 명예 의식이 남아있는 것이 깨달아지면서 그것이 아니라 나의 명예가 어떻게 되든 상관이 없이 사실은 하나님의 나라에서 한 영혼이 지옥 가는 것이 가장 무서운 일이구나'가 그냥 그 순간에 깨달아졌다.
'오~ 할렐루야!'
하나님께서 다시 한번 나에게 영혼 구원이 얼마나 중요한지를 가르쳐 주시는 순간이었다. 아울러 나는 내가 하고 있는 바른 복음 사역이 얼마나 중요한지를 알게 되는 순간이었다. 왜냐하면 불신자를 신자로 만드는 것도 영혼 구원이나 신자가 그 구원을 잃어버리지 않게 하는 것도 매우 중요한 일이기 때문이다. 주님께서 나에게 가르쳐주신 바른 복음은 크리스천도 잘못하면 지옥을 간다는 것과 그리고 지금 이 시대에는 하나님의 인을 받아야 짐승의 표를 받지 않아 영원한 불못을 면하는 것을 전하는 것이 얼마나 중요한지를 나에게 다시 한번 나에게 인식을 시켜주시는 것이었다.
'아하~, 그렇구나. 나의 명예가 추락하는 것이 문제가 아니라 한 영혼이 지옥가는 것이 더 무서운 일이네'라고 알아지니까 나는 사실 너무 부끄러워졌다. 이사야는 삼년 동안 아랫도리를 발가벗고 벗은 발로 다녔는데 그것도 하나님께서 하라고 하셔서. 그때에 자신을 생각하였더라면 못했을 것이다. 그러나 이사야는 자신의 명예 따위

는 상관이 없었던 것이다. '주여, 그렇습니다.'
주의 일을 감당할 때에 명예 따위는 사실 중요하지 않은 것이다.

그러고 나서 주님은 다시 내게 질문하셨다.
"가장 중요한 것은 무엇인지 아느냐?"
조금 전에는 가장 무서워하는 것이 무엇이냐라고 물으셨는데 이제는 나에게 가장 중요한 것이 무엇인지 물어보고 계셨다.
그러시더니 주님께서 직접 대답하신다.
영어로 'Will'이라고 짧게 대답하여 주시는 것이었다.
Will. 그것은 하나님의 뜻이 가장 중요하다는 것이다. 그렇다.
주님도 지상에서 말씀하시기를 내가 내 뜻을 행하러 온 것이 아니라 나를 보내신 이의 뜻을 행하러 왔다고 하셨다. 그리고 아버지의 뜻은 '내게 주신 자 중에서 하나도 잃어버리지 아니하고 마지막 날에 내가 다시 살리는 이것이니라'고 말씀하신 것이었다.
그렇다. 이 세상에서 가장 중요한 것은 하나님의 뜻이다.
그리고 이 세상은 하나님의 뜻대로 돌아가는 것이다.
할렐루야.

그렇게 천상에서 주님과 이사야를 만나서 두 질문을 듣고 그 대답을 듣고 내려왔다.
할렐루야. 주님 감사합니다.

23 구약편 3권

주님으로부터 구약을 어떻게 쓸 것인가에 대한 매뉴얼이 담긴 청색의 노트와 실제 구약의 내용을 말하는 매뉴얼이 담긴 황금색의 노트를 받다.

(2021년 2월 6일)

교회 안에서 기도하고 있는 중에 오른편 저쪽에서 주님이 보이기 시작하였고 그 옆에 믿음의 선진들이 웅성웅성 내려와서 보이기 시작하였다.

거기에는 키 큰 베드로, 바울, 모세, 에스더, 예수님의 육체의 어머니 마리아와 삭개오 등이 보였다. 거기서 나는 주님께 마음으로 이렇게 말하고 있었다.

'주님 저는 저분들과 어울릴 자격이 전혀 안 되는 자에요.'

나는 그분들이 이곳에 내려오신 것이 너무 황송하여 그렇게 말했다. 아니 나는 정말 그렇게 자격이 안 되는 자라고 생각이 되었다.

그리고 나는 몇 달 동안 천국에 못 올라온 것이 생각났다. 그것은 순전히 내 탓이었다. 기도도 부족했고 세상에 의하여 내 영혼이 더럽혀져 있어서 나는 천국에 올라가지 못하였었다. 한국에 집회도 갔었고 그리고 와서 기도한다고 했지만 세상의 때를 다 벗지를 못했고 그러다가 다시 한국에 가서 한달 반 있다가 왔고 이제 겨우 약 10일 동안 기도줄을 잡느라고 기도의 자리에 앉아 있었던 것밖에 없는데 오늘 이렇게 내가 기도하는 중에 주님과 믿음의 선진들이 교회 저편에 내려오신 것이다. 그것이 내 눈에 보였다.

내가 정말 느껴지는 그대로 주님께 내가 믿음의 선진들과 어울릴 자격이 전혀 안 된다고 말하자 주님께서는 믿음의 선진들에게 이렇게 물으시는 것이었다.
'너희는 어떻게 생각하느냐?'
그러자 모세가 먼저 말했다.
'저(나를 가리킨 말)는 우리의 친구입니다.'
그러자 마리아가 말했다. '사라는 북한의 동포들의 구원을 위하여 기도해야 할 자입니다.' 그런 후에 주님과 그 믿음의 선진들과 나는 저 하늘로 올라가서 어느 궁 안에 도착하였다. 그곳에는 붉은 융단이 깔려 있었고 그곳에 있는 이들은 상당히 숫자가 많았고 이들은 나를 공중에 띄워서 그들이 두 손을 사용하여 계속 돌아가면서 나를 그들 머리위에 이리 띄우고 저리 띄우고 하고 있었던 것이다. 이것은 이들이 나를 매우 환영하고 반기는 모습이었다.
한참을 그렇게 그들이 나를 환영하고 좋아하여 주었다.
그런 후에 그들은 중앙을 비켜서서 동그랗게 가운데를 비우고 주님과 나를 그 안에 두었다.
그러자 천사가 한 갈색의 납작한 박스를 가져왔다.
그 갈색의 납작한 박스를 주님께서는 그들이 모두 보는 가운데 내게 건네 주셨다.
나는 거기서 그 박스를 열어보았다. 그곳에는 위에는 청색 표지의 노트와 그 밑에는 황금 색깔의 노트가 들어있었다. 이것은 청색 표지의 노트는 '구약을 어떻게 쓸 것인가?' 하는 것에 대한 매뉴얼이고 황금 색깔의 표지를 가진 노트는 스프링으로 연결되어 있었고 이 노트에는 구약책에 들어갈 내용이 적혀 있었다. 그 궁은 왕권을 가진 자들이 모이는 궁이었다. 이 궁 안에서 모두가 지켜보는 가운데 주님은 나에게 이 두 노트가 들어 있는 갈색의 보물 박스를 주시는 것이었다. 할렐루야.

이것은 주님께서 다시 한번 내게 구약에 대한 책을 쓰라고 하시는 것을 의미하였다.
그리고서는 나는 내려오게 되었다.
여기서 내가 구약 책이라고 하는 것은 내가 구약을 다시 쓰는 것을 의미하지 않는다.
여기서 주님이 원하셔서 내가 써야 할 구약 책이라고 하는 것은 구약에 나타난 믿음의 선진들을 내가 천국에서 만나서 그들에 대해 구약에 적혀 있는 내용들 중에서 내가 궁금점을 가지고 있는 것에 대하여 그분들에게 물어서 그 답을 쓰는 책을 의미한다.
할렐루야.
그러므로 내가 구약 책을 쓴다고 하는 것은 구약을 다시 쓰는 것이 아님을 의미한다.
앞으로도 내가 구약 책이라 하면 구약에 대한 책을 쓰는 것이다.

 구약편 3권

주님께서 나의 동역자 수십 명에게 흰 세마포를 주시다.

(2021년 2월 11일)

아침에 약 2시간 반을 기도한 후에 천국에 올라가게 되었다.

나를 데리러 온 수레 바깥에서 나를 인도하는 천사가 나를 보더니 손으로 눈물을 닦는다. "주인님 많이 기다렸어요." 즉 내가 요즘에 정말 천국에 못 올라갔다. 왜냐하면 한국에 한달 반 갔다왔고 또 갔다 와서 기도 줄을 잡는데 오래 걸렸다. 그러다 보니 사실 이렇게 몇 달 동안 제대로 천국에 가보지를 못했다. 그래서 이 천사가 나를 보더니 너무나 오래간만에 보니까 반가와서 우는 것이었다.

그러면서 나에게 '다 왔다'고 했다. 즉 열한 마리의 말들과 수레가 왔다는 것이다. 말은 오른편으로부터 '온유, 충성 이 말은 초콜렛 색깔의 말이다. 그다음은 '지도'라는 이름을 가진 말인데 몸통과 머리는 다 검은데 머리털이 희어서 매우 멋있고 건장하여 보이는 말이다. 그다음 말들은 사랑, 인내, 지혜, 승리, 소망, 믿음, 겸손, 찬양 이렇게 열한 마리의 말들이 왔고 수레를 모는 천사는 여전히 아름다웠고 활짝 웃으면서 손을 흔들었다. 자기도 왔다는 것이다. 그리고 너무 반갑다는 것이다.

그리고서 내 눈은 수레를 보았는데 '와우~' 오늘은 수레 뚜껑이 분홍색 아기자기한 보석들로 되어 있었다.

'와우~ 아름답다'

그런데 그 수레가 끝없이 기차같이 연결되어 있었다. 웬 이런 똑같은 수레가 끝없이 연결되어 있는 것처럼 보이다니? 웬일일까?

나는 수레 바깥에서 나를 인도하는 천사에게 이렇게 많은 수레가 달려 있는데 괜찮으냐고 묻고 있었다.

그 천사는 '괜찮아요'라고 말하고 있었다.

나는 수레를 얼른 올라탔다. 타자마자 8-9피트 되는 흰옷 입은 두 날개 달린 키 큰 천사가 먼저 나를 맞이하여 주었고 그다음은 사람 키만 한 천사가 두 날개를 가지고 하얀 옷을 입고 서서 나를 맞아주었다. 그리고 그다음은 분홍색 옷을 입은 분홍색의 두 날개를 가진 여성처럼 보이는 천사가 나를 맞이하면서 한 쟁반에다가 청색 표지의 노트와 그 밑에 황금 색깔의 노트를 포개어서 얹어 놓았고 그리고 그 옆에 두꺼운 쑥색의 구약책(앞으로 내가 써야 할 책)을 놓은 접시를 나한테 건네주었다.

나는 그것을 가지고 수레 안에 내 자리로 와서 앉았다.

그리고 내 앞의 테이블 위에 그 접시를 올려놓았다.

그리고 나는 그 옆에 놓여있는 귤 하나를 까서 그 내용물을 입에 넣었다.

그러자 수레 바깥에 있는 천사가 이렇게 말한다.

'이제 올라갑니다.'

이전에도 말했듯이 이 천사는 문이 닫혀 있는 수레 안을 다 보고 있는 것 같았다.

내가 그릇 안에 놓여 있는 귤 하나를 까서 먹으니까 그 천사가 '이제 올라갑니다'라고 말한 것이다.

수레는 올라가서 연못가의 공중에서(땅 위의 약 30m 위) 멈추었다.

나는 수레에서 내려서 저 밑에 계신 주님께로 가고자 하였다.
그런데 이게 웬일인가?
내가 수레에서 내리니 내 수레 뒤에 계속하여 끝이 안 보일 정도로 수레가 붙어있었는데 내 수레 뒤의 수레 또 그 뒤의 수레 또 그 뒤의 수레 등에서 흰옷 입은 사람들이 하나씩 수레에서 내리는 것이었다. '와우 이게 무슨 일이지?' 나 혼자만이 말했다.
그런데 이런 비슷한 일이 이전에도 일어났었다.
내가 천사의 도움으로 연못가에 있는 주님께로 와서 그 앞에 엎드려서 바짝 낮추어 있는데 그중에 몇 즉 약 20~30명 정도가 내 뒤에 와서 주님께 엎드렸다.
나는 생각했다.
'이들이 여기 올 필요가 없을 텐데 왜 여기까지 왔지?'
'주님, 이전에 저들을 주님의 보좌 앞에서 보았는데 오늘 이 연못가까지 저들이 온 이유가 무엇이지요?' 하면서 마음으로 주님께 묻고 있었다. 그러자 갑자기 내 눈에 연못가에 벤치 의자 위에 세마포가 개펴져서 쌓여 있는 것이 보였고 그 하나하나가 공중으로 붕 떠서 날아서 거기 엎드린 사람 한 사람 한 사람 위로 날아가 내려앉는 것이 보였다.
'와우~!'
나는 감탄스러웠고 놀라왔다.
아니 저 벤치 위에 쌓여 있는 약 100개 정도 되는 세마포는 이전에 주님께서 나에게 보여주셨는데 그때에 나에게 이렇게 말씀하신 것이 알아졌다.
'이것은 네 동역자들의 것이란다'라고 하시던 생각 말이다.

그 세마포가 오늘 주인들을 찾아서 날아간 것이다. '와우~'

나는 그 광경을 보면서도 이렇게 생각이 들었다.
아니 주님께서 하나하나를 들어서 그들에게 하나하나 건네주시는 것이 더 좋지 않냐는 생각이 들어왔다. 그런데 그것이 아니라 세마포가 저절로 공중으로 하나씩 붕 뜨더니 한 사람 한 사람에게 날아서 그 위로 떨어지는 것이었다.
'와우~, 아니 어찌 저런 일이?' 하면서 나는 그 광경을 그냥 놀라서 보고 있었다.

나는 또 생각했다.
아니 저 수레가 그렇게 많은데 이전에도 약 100명이 된다 하였는데 오늘 100명에게 다 세마포가 주어진 것 아닌 것 같았다. 내 뒤에 엎드린 자들이 100명이 안 되었다. 약 수십 명밖에 안 되었다. 그런데 오늘 그 수십 명만 희고 깨끗한 세마포를 받은 것이다.

그리고 천국의 상황이 끝나고 내가 내려오게 되었는데 내려오고 나서야 이전에 나에게 세마포가 내려오던 사건이 생각이 났다.
'아하 그때에도 주님께서는 교회 한가운데 중앙에 서 계셨고 세마포가 하늘에서 내 머리 위로 내려온 것이 생각이 났다. '아하 그러고 보니 오늘 연못가에서도 주님께서는 거기에 계셨고 희고 깨끗한 세마포가 저절로 그들에게 하나씩 날아가서 그들 머리 위로 내려온 것이었다. '와우~, 할렐루야!'

하나님께서는 이전에 나에게 희고 깨끗한 세마포를 내려주신 그 방법대로 오늘 그들에게도 그렇게 세마포를 내려주신 것이다. 아멘 아멘.

'와우~, 그렇구나!'
그러면 이들은 결국 나중에 공중휴거될 자들로 보인다.
왜냐하면 이미 주님 오시기 전에 희고 깨끗한 세마포가 준비된 자들이니까 말이다.

그러면 그 나머지 자들, 100명 중에서 아직 희고 깨끗한 세마포를 받지 않은 자들은 아직 받을 준비가 안 되었던지 아니면 공중 휴거되지 않고 대환란 동안에 순교하거나 알곡 추수될 자들인가 하는 생각이 들어왔다. 이들에게도 결국은 희고 깨끗한 세마포가 결국은 입혀지게 될 것이다.

 구약편 3권
처음으로 천국에서 예레미야를 만나다.
(2021년 7월 28일)

아침에 기도한 후에 천국에 올라가게 되었다.
나를 데리러 온 말들은 모두 열한 마리였다.
오른편부터 왼편으로 서 있는 차례로 보면 온유, 충성(초콜렛색깔), 지도(몸은 검고 머리털은 흰색), 사랑, 지혜, 인내, 승리, 소망, 믿음, 겸손, 찬양이다. 즉 보통 때보다 요즘에 지도라는 말이 한 마리 더 늘었다. 이 말은 온몸이 검정인데 머리털만 하얗다. 그리하여 매우 멋있어 보이는 말이다.

주님은 나를 흰 돌이 있는 바닷가로 데리고 가시더니 그다음은 나를 다시 연못가로 데리고 오셨다. 그리고 나는 터널을 통하여 저편으로 도달하였는데 거기는 예레미야가 있는 곳이었다. 오늘 나는 처음으로 예레미야의 얼굴을 보았다. 그의 몸은 전체적으로 야위었고 키가 컸으며 얼굴은 완전 소년같이 보였다.
앞의 머리는 이마로 내려와 이마 중간에서 나란히 끊겼고 그리하여 정말 얼굴이 소년같은 동안의 키가 큰 야윈 청년이었다. 나는 그동안 여태까지 예레미야의 얼굴을 보지 못했었다. 하나님께서는 이전에 한 번도 나에게 보여주신 적이 없으셨다.

그리하여 나는 '항상 왜일까? 왜일까?' 하고 생각하였는데 오늘에야 그 약간의 이유를 짐작할 수 있을 것 같았다. 즉 예레미야의 얼굴이 아주 소년 같았기 때문이다. 그래도 우리 믿음의 선진들의 모습은 젊어 보였으나 그래도 25세 정도의 나이들로 보여서 다 어른들로 보였다고 할 수 있는데 이 예레미야의 모습은 어른의 모습이라기보다는 아예 13세 내지는 14세 정도의 소년의 모습으로 보였다. 물론 천국에서의 나이는 대개 20세에서 28세 정도까지로 보인다. 그런데 이렇게 젊게 보이는 것은 처음이다.

'그래서일까' 하는 생각이 들었다. 내가 놀랄까봐? 예수님께서는 한 번도 예레미야를 보여주신 적이 없었기 때문이다. 이제야 그 이유를 조금은 알 것 같았다. 예레미야가 다른 이들과 같이 천국에서는 젊은 나이이겠으나 특별히 그 얼굴이 소년 같아 보여서 하나님께서는 내가 혼돈을 할까봐 유보하여 두신 것 같은 느낌이 왔다.

할렐루야. 어찌하였든 나는 오늘 처음으로 예레미야의 얼굴을 보았다. 예레미야의 얼굴과 그 전체모습을 표현하자면 그냥 13살짜리 얼굴에 그냥 몸이 쭈욱 늘어난 것 같은 키가 큰 느낌이다. 예레미야는 아래위로 흰옷을 입고 나타났는데 그 몸은 야위고 키가 커 보였다. 주여! 감사합니다. 오늘 예레미야를 보여주셔서.

26 구약편 3권

2021년 8월 3일

(1) 천국에서 예레미야가 주님으로부터 소명을 받을 때의 나이가 7살이었음을 알게 되다.

(2) 천국에서 주님이 예레미야가 독신이었다고 가르쳐 주신 것이 성경, 예레미야 16장 2절에 나타나 있다.

아침에 기도한 후에 천국에 올라가게 되었다.
나를 태운 수레가 나를 연못가에 내려놓았고 주님께서는 나를 거기서 맞아주셨다.
그리고 나는 연못 위의 오른쪽 터널의 황금으로 된 문을 열고 터널로 들어갔다.

그리고 도착한 곳이 예레미야의 집 현관으로 올라가는 계단에 도착하였다. 주님과 나는 그 계단을 약 12개 정도의 계단을 걸어서 올라갔다.

이틀 전에 나는 사실 천국에서 멀리서 예레미야의 집을 바라보았었다. 먼 곳에서 보니 그의 궁은 아주 빛이 나는 궁으로 바깥에서부터 너무 아름다운 궁이었다. 너무 아름다워서 '오 저 궁이 바로 예레미야가 눈물로 지은 궁이구나'가 알아졌다.
눈물의 선지자 예레미야가 그 눈물로 지은 그 궁이 멀리서도 얼마나 아름다워 보였는지 모른다. 그런데 오늘은 바로 예레미야의 집 현관으로 올라가는 계단에 바로 도착하였다. 가까이서 보아도 예레미야의 궁은 너무나 아름다웠다. 궁은 전체적으로 상아색의 약간 호박색이 나는 매우 아름다운 궁으로 벽은 둥글둥글하게 굽이굽이져서(둥글둥글한 호박색의 바위들로 된 것같은) 생겼다. 그리고 장식도 아름다운 궁이었는데 현관으로 들어가 궁으로 들어가는 궁의 천정은 매우 높았다. 결국 궁안에 있는 테이블에 예수님과 함께 앉았다. 예수님께서는 테이블 머리에 앉으시고 예수님의 오른편에 예레미야가 왼편에 내가 앉았다. 예레미야와 내 앞에는 성경책이 펴져 있었고 예레미야는 아래위로 흰옷을 입고 앉아 있었다.

나는 머리를 테이블 위에 성경책 위에다가 갖다 대면서 말씀드렸다. '저는 사실 무엇을 물어야 할지 모르겠어요. 주님, 궁금한 것이 생각이 안 나요'라고 했더니 예수님과 예레미야가 웃으셨다.
그런데 나는 그 웃음 속에서 즉시 내 마음속에 알아지는 것이 있었는데 '아하 그렇지'
내가 궁금해하였던 것이 생각이 났는데 그것은 바로 예레미야가 하나님으로부터 소명을 받을 때의 나이였던 것이다.
그래서 나는 즉시 물었다. 몇 살이었는지를.
그러자 예레미야가 자신이 그 때에 7살이었다고 대답했다.
'아하 그때에 예레미야가 7살이었구나'가 알아진 것이다.
'아하 그래서 예레미야가 자신은 아이라 말을 할 줄 모른다 하였구나!'

[렘 1:4-7]

4 여호와의 말씀이 내게 임하니라 이르시되 5 내가 너를 복중에 짓기 전에 너를 알았고 네가 태에서 나오기 전에 너를 구별하였고 너를 열방의 선지자로 세웠노라 하시기로 6 내가 가로되 슬프도소이다 주 여호와여 보소서 나는 아이라 말할 줄을 알지 못하나이다 7 여호와께서 내게 이르시되 너는 아이라 하지 말고 내가 너를 누구에게 보내든지 너는 가며 내가 네게 무엇을 명하든지 너는 말할지니라

그리고 그다음은 나는 예레미야에게 나에게 가르쳐 주고 싶은 것이 있으면 가르쳐 달라 했다. 그랬더니 예레미야가 자신이 독신이었다는 것을 나에게 알려주는 것이었다.
'와우~' 정말 놀라운 소식이었고 그래서 나는 '정말 독신이었냐'고 다시 물었다.
그러자 나는 예레미야의 눈에 눈물이 약 탁구공같이 큰 눈물방울이 두 개가 양쪽에 매달려지는 것을 보았다.
'와우~ 그랬구나! 예레미야가 독신이었네…'
참으로 나는 새롭게 아는 소식이었다.

그래서 나는 천국에서 내려와서 인터넷에 '예레미야 독신'하고 치니까 성경에 예레미야 16장 2절에 이러한 말씀이 나와 있었다.

[렘 16:1-2]

1 여호와의 말씀이 또 내게 임하니라 가라사대 2 너는 이 땅에서 아내를 취하지 말며 자녀를 두지 말지니라

'와우 정말 예레미야가 독신이었네…'
주여!

나는 정말 전혀 예레미야가 독신이었을 것을 생각지도 못했었다. 그런데 또 사실 성경에 성경 구절에 버젓이 하나님께서 예레미야에게 결혼하지 말라고 명령하셨다는 것이 나와 있었던 것이다.

'와우~'
나는 예레미야가 평생 독신이었다는 사실에 놀랐고 또 놀란 것은 성경에 정확하게 하나님께서 그에게 독신으로 살으라고 하신 것이 나와 있었다는 사실에 또 놀랐다.

 구약편 3권

예레미야가 하나님의 말씀을 전하지 아니하려 하면 그 중심에 불이 붙는 것같이 하신 것이 하나님의 특별하신 역사이신 것을 알게 하시다

(2021년 8월7일)

나를 수레 바깥에서 인도하는 천사가 아래위로 초코렛 색깔의 옷을 입고 나타났다. 이 옷을 입고 나타난 이유를 내게 말한다. 자기도 충성하고 싶다고 했다.

수레를 끄는 열한 마리 말 중에 충성이라는 이름을 가진 말이 초코렛 색깔의 몸을 가지고 있다. 자기도 그러한 색깔을 입은 것이라는 것을 알게 하여 준다.

열한 마리 말 중에 충성이라는 이름가진 말과 흑색에 흰털을 가진 말이 오른편에 서 있었다. 그리고 사랑 지혜 인내 승리 소망 믿음 겸손 찬양 온유가 차례로 오른편에 지도 충성 다음으로 왼쪽으로 서 있었다. 나를 데리러 온 수레가 매우 아름다웠다. 흰색으로 조금 투명한 것 같기도 한데 너무나 아름다운 외모였다. 수레 안에 들어가자 8-9피트정도 되는 흰옷 입은 날개 달린 남성처럼 생긴 천사가 먼저 나를 맞아주었고 그 다음 사람 키만 한 천사가 서 있었는데 이도 남성 천사처럼 보였고, 흰옷을 아래위로 그리고 두 날개를 달고 있었다. 그다음 세 번째 서 있는 천사는 여성처럼 생긴 천사인데 이는 분홍색과 주황색이 어우러진 옷을 입고 있었고 날개도 그러한 색깔 그리고 얼굴도 머리도 그러한 색깔의 천사였다. 어찌하였든 전체가 그러한 색깔을 풍기는 천사가 나를 맞이하여 주면서 수레 중앙 테이블에는 접시 위에 구약 책 즉 금색이 가장자리에 두른 쑥색의 색깔의 두꺼운 책이 있었고 분홍색 입은 천사가 그것을 들어서 내게 주었다. 나는 그것을 들고 내 자리로 가서 앉았다. 그러자 수레 바깥에 있는 천사가 '올라갑니다' 하면서 수레는 즉시 연못가의 공중에 도달하였다. 그 공중에서 수레는 더 아름답게 변하였고 나는 수레에서 내려서 주님께로 갔다. 주님께서는 나를 맞아주시면서 생명수가 담긴 세숫대야에 내 발을 담구어서 씻기 시작하셨다. 그곳에서는 피가 솟아나왔다. 그리고 내 두 손도 씻기셨다. 천사가 와서 항아리에 생명수를 담아서 내 머리 위로 붓자 내 몸 전체가 생명수로 씻겨 내려갔다. 그런 후에 나는 주님을 뒤로 두고 벤치 옆에 놓여 있던 고무신을 신고 연못 위로 걸어 들어갔다. 그리고 연못 중앙의 오른편 터널의 뚜껑이 동그란 황금문으로 되어 있는데 이 황금 문을 앞으로 열어젖히고 나는 터널 안으로 들어갔다. 터널 안에 내 발밑에 있는 물은 즉시 나를 예레미야의 집 현관으로 올리가는 계단 있는 곳에 나를 내려놓았다. 그곳에서는 이미 주님이 와 계셨다. 주님과 나는 그 현관을 들어섰고 예레미야와 함께 그 광장과 같은 궁 안에서 테이블을 두고 앉았다.

주님이 테이블 머리에 예레미야가 주님의 오른쪽 테이블에 나는 왼쪽 테이블에 앉았다. 테이블은 직사각형이었다.

예레미야와 내 앞에는 성경책이 펴져 있었다. 예레미야는 얼굴이 소년 같으나 키는 어른 키보다 컸다. 나는 성경책을 앞에 두고 머리를 성경책에다가 갖다 대면서 '주님 저는 무엇을 질문할지 모르겠어요'하고 난처해하였다. 결국 그것은 나를 좀 도와달라고 한 것이다. 그러자 내게는 아하 하면서 궁금한 것 하나가 생각이 났다.
그것은 예레미야가 핍박이 오니까 말을 안 하려 하여도 그 말들이 뼈 안에서 요동쳐서 말을 안 할 수가 없었다고 성경은 기록하고 있는데 그것이 어떻게 가능하게 된 건지 궁금하였다.

[렘 20:9]
내가 다시는 여호와를 선포하지 아니하며 그 이름으로 말하지 아니하리라 하면 나의 중심이 불 붙는 것 같아서 골수에 사무치니 답답하여 견딜수 없나이다.

즉 중심이 불 붙는 것 같은 것이 어떤 것인지 그리고 그것이 골수에 사무쳐서 답답하여 견딜 수 없는 그것이 나는 어떤 것인지 궁금하였던 것이다.

그런데 그것이 그 자리에서 알아지는 것이었다.
그것은 전적인 하나님의 특별한 역사였다는 것이다.

나도 이전에 하나님의 말씀이 내 심장을 쳐서 그 말씀 자체가 심장에 딱 붙어서 안 떨어지는 경험을 한 적이 있었다. 그때에 나는 난생 처음으로 내 심장이 뛰는 소리를 내 귀로 들었던 것이다. 이러한 일들은 각 개개인에게 일어나는 하나님의 특별하신 역사이다. 또 어떤 이는 성경책을 읽는데 갑자기 글자 하나하나가 일어나서 걸어다니더라는 것이다. 이러하듯이 각 개개인에게 일어나는 하나님의 특별하신 역사는 다 다르다. 그런데 이때에 알아지는 것이 마찬가지로 예레미야에게도 이러한 하나님의 특별하신 역사가 자신에게 일어났다는 것이다.

즉 예레미야에게 임한 하나님의 말씀을 하나님의 이름으로 전하지 아니하려 하면 예레미야의 중심이 골수에까지 불이 붙는 것처럼 느껴져서 답답하여 견딜 수가 없었다는 것이다. 이것은 예레미야에게 임한 하나님의 특별하신 역사였다는 것이다.

할렐루야. 아멘.

즉 예레미야만 경험한 하나님의 특별한 역사였다는 것이다. 그러므로 경험하여 보지 못한 우리는 이해할 수 있는 일이 아닌 것이다. '아하 그랬나 보다' 하고 우리는 넘어가는 것이다. 왜냐하면 우리가 믿는 하나님은 무엇이든지 하실 수 있는 전능하신 분이라 어떤 초자연적인 일도 각 개인에게서 일으키실 수 있는 분이시기 때문이다. 그러므로 하나님께서는 예레미야에게 특별하신 방법으로 하나님의 말씀을 받아놓고도 전하지 아니하려 하면 중심에 불이 붙은 것처럼 느껴지게 하셔서 예레미야가 그 말씀을 전하지 아니하면 안 되게 하셨다는 것이다. 할렐루야.

이것을 오늘 주님께서 나에게 천상에서 알게 하여 주셨다.

할렐루야.

 구약편 3권

천상에서 70이라는 숫자의 의미를 알게 하시다.
(2022년 1월 3일)

아침에 기도하면서 갑자기 '내가 너다'라고 하시면서 하나님의 임재가 강하게 임하였다.

옆에 시온 천사가 나타나서 동전만한 크기가 아니라 약 5cm 정도 직경이 되는 쌀과자를 내 입에 넣어주었다.

나는 그것을 씹어서 삼켰다. 그러자 예수님께서 나타나셨다.

나의 모습은 어린아이의 모습으로 7-8살처럼 되어 보였다.

그리고 나는 황금 계단 위에 있었다. 나는 순간적으로 예수님 앞에서 나 자신이 너무 자격이 안 된 것이 느껴져서 이렇게 말씀드렸다.

'주님 저는 자격이 없어요.'

주님께서는 나에게 이렇게 말씀하셨다.

"너는 나의 딸이란다. 그렇게만 남아다오."

그러면서 주님께서는 나를 등에 업으셨다. 그리고 주님께서는 나를 업으신채로 계단을 올라가셨는데 나는 주님의 등 뒤에서 너무나 기뻐하고 좋아하였다.

계단 끝에 올라서니 주님께서는 나보고 '준비하고 오너라' 하시면서 사라지셨는데 어디로 가셨는가 하면 나중에 보면 먼저 주님이 앉아계신 보좌로 가신 것이었다.

내가 계단 끝 위에 서니 내가 7-8살의 어린아이의 모습에서 신부의 모습으로 바뀌어져 있었다. 즉 어른의 모습으로 바뀐 것이다. 나는 이러한 변화가 왜 일어나는지는 모른다. 그냥 늘 그렇게 변화되는 것을 경험할 뿐이다. 왜일까를 생각해 보지만 나로서는 도저히 알 수 없는 문제이기에 여기서는 더 이상 거론할 수 없다.

계단 끝에서 내가 신부의 옷을 입고 서 있을 때에 그 계단 끝에서는 늘 내가 천국으로 데리고 가기 위해 오는 수레를 내릴 때에 내리는 나를 주께로 인도하는 두 천사가 여기서도 나를 기다리고 있으면서 나를 맞아주었다.

나는 신부의 옷을 입고 계단 끝에 서서 그들에게 '나는 주님을 맞을 자격이 없다'하였더니 그 분홍색 옷을 입은 두 날개가 달린 천사가 말하기를 '나에게 발을 떼세요'라고 했다.

그래서 나는 그 두 명의 천사들의 보조를 받아서 주님이 계신 보좌로 나아가기 위하여 발을 떼었다. 그러자 양쪽으로 쭉 서 있는 천사들이 '와~ 와~' 하면서 미소로 나를 기쁘게 맞아주었다. 그런 나는 결국 주님 앞으로 인도함을 받았는데 눈물은 계속 흐르고 있었다.

분홍색 옷을 입은 그 두 천사들은 자신들의 자리로 돌아갔고 나는 주님 앞에 서게 되었는데 주님은 말씀하셨다.

"가서 앉거라." 즉 내가 앉는 자리에 가서 앉으라는 것이다.

나는 내가 앉을 자격이 없다고 생각되어 '그냥 엎드려 있겠습니다'라고 말씀드렸으나 주님께서는 다시 말씀하시기를 '가서 앉으라' 하셨다. 그래서 나는 내 자리로 와서 앉았다. 황금으로 된 의자였다 (주님의 보좌가 있는 곳에는 내가 앉는 자리가 있다 하였는데 그곳은 주님의 왼편에 서 있는 천사들이 있는 곳인데 앞에서 세 번째 정도 자리에 내가 앉는 황금 의자가 놓여 있다.)

그랬더니 서 옥문 즉 돌아가신 내 육체의 아버지가 나타났다.
그러면서 하시는 말씀이 나보고 '주님을 슬프게 하지 말라'고 하셨다. 즉 주님이 하라고 하는 사역을 잘 감당하라하는 것이다.
그리고 그다음 김O화 목사가 나타났다. 이 김O화 목사는 이 세상을 떠나기 6개월 전에 우리 교회에 와서 돌아가시기 전까지 신앙 생활하다가 가셨다. 회개도 많이 하셨다. 20대로 보이는 김O화 목사가 말하기를 '목사님 저는 기뻐요. 사역 잘 감당하세요'라고 말하는 것이었다. 그다음은 토마스 주남이 나타났는데 그녀는 내 옆에 앉으면서 '우리가 같이 해야 할 일이 많아요'라고 했다.

그러자 주님께서는 '이제 사라, 나랑 같이 가자'라고 하셨다.
그래서 나는 주님의 손을 잡고 날았는데 어디로 갔느냐면 이사야의 생명 강가에 도착하였다.
거기는 이사야가 있었고 주님께서 이사야에게 뭐라고 하시는 동안에 천사들이 나를 생명수 강가에 데리고 들어가서 씻기게 하셨다. 그런 후에 즉 내가 이사야의 생명수 강가에서 씻김을 받은 후에 주님과 나는 연못가로 이동한 것이다.

주님께서는 나를 벤치에 앉혀놓고 황금색 노트와 그 위에 청색 노트가 주님과 나 사이에 놓여 있게 하셨다.
즉 이 말씀은 내가 구약에 대한 책을 빨리 쓰라는 것이다.
그리고서는 나는 연못 위로 걸어 들어가서 오른편 터널의 황금으로 된 둥근 뚜껑을 열고 안으로 들어섰다. 그러자 내 신발 아래 있는 물이 즉시 나를 예레미야 궁으로 인도하였다. 예레미야 궁 안에서 주님과 나 그리고 예레미야는 황금 테이블에 함께 앉았다.

거기에는 성경이 펴져 있었고 나는 70년에 대하여 질문을 가졌다.
그 70이 어떤 의미를 가졌는가 하는 것이다.
그러자 주님께서 7이라는 숫자를 생각하여 보라고 하셨다.
즉 7은 안식일이다.
하나님께서는 6일 동안 이 세상을 창조하시고 제 7일째는 쉬시면서 안식일이라 하시고 그 날을 거룩하게 하신다 하셨다.

[출 20:9-11]

9 엿새 동안은 힘써 네 모든 일을 행할 것이나 10 제 칠일은 너의 하나님 여호와의 안식일인즉 너나 네 아들이나 네 딸이나 네 남종이나 네 여종이나 네 육축이나 네 문안에 유하는 객이라도 아무 일도 하지 말라 11 이는 엿새 동안에 나 여호와가 하늘과 땅과 바다와 그 가운데 모든 것을 만들고 제 칠일에 쉬었음이라 그러므로 나 여호와가 안식일을 복되게 하여 그 날을 거룩하게 하였느니라

그리고 7은 완전 숫자로서 하나님과 연관된 숫자인 것을 알게 하셨다.

[레 25:2-4]

2 이스라엘 자손에게 고하여 이르라 너희는 내가 너희에게 주는 땅에 들어간 후에 그 땅으로 여호와 앞에 안식하게 하라 3 너는 육년 동안 그 밭에 파종하며 육년 동안 그 포도원을 다스려 그 열매를 거둘 것이나 4 제 칠년에는 땅으로 쉬어 안식하게 할지니 여호와께 대한 안식이라 너는 그

밭에 파종하거나 포도원을 다스리지 말며

그러면서 7이라는 숫자에 70이라는 숫자가 연결되면서 즉 하나님께서 남유다를 바벨론에게 망하게 하신지 70년이 차면 포로들을 다시 돌아오게 하여 예루살렘을 회복하시겠다는 예언을 예레미야 선지자를 통하여 하신 것이 생각이 났다.
아하~

[렘 29:10]
나 여호와가 이같이 말하노라 바벨론에서 칠십 년이 차면 내가 너희를 권고하고 나의 선한 말을 너희에게 실행하여 너희를 이곳으로 돌아오게 하리라

즉 70이라는 숫자가 '회복'이라는 뜻을 가지고 있음도 알게 되었다. 또한 거기다가 예수님께서 하신 말씀, 베드로가 와서 형제가 제게 잘못하면 7번까지 용서하여 주리이까 라고 물었을 때에 주님은 70번씩 7번이라도 용서하여야 할지니라 라고 하신 말씀이 생각이 났다. 주여~~~

즉 70이라는 숫자가 '용서'라는 의미를 가지고도 있는 것이다.

또한 그러면서 다니엘서에서의 70 이레가 생각이 나는 것이었다.

[단 9:24]

네 백성과 네 거룩한 성을 위하여 칠십 이레로 기한을 정하였나니 허물이 마치며 죄가 끝나며 죄악이 영속되며 영원한 의가 드러나며 이상과 예언이 응하며 또 지극히 거룩한 자가 기름부음을 받으리라

와우~ 그렇구나 70 이레가 지나면 죄악이 영원히 속하여지는 즉 용서함을 받는 것을 말하고 있다. 그러므로 여기서도 70이라는 숫자에 '용서'라는 의미가 들어있는 것이다.
할렐루야.

그러므로 천상에서 70이라는 숫자에 대하여 그 의미를 생각하게 하셨는데 결론은 70이라는 숫자가 의미하는 것은 '용서'와 '회복'인 것이다.

29 구약편 3권
아침 기도 시간에 주님과 대화가 일어나다.
(2022년 2월 19일)

"내가 너를 업고 가리라" (뉴저지 & 아틀란타의 집회가 열리는 곳에 가신다는 말씀)
"너는 내 것이라 내가 너의 모든 것을 기록할 것이다."

네 기록하십시오. 주님

"너는 내 손이 되어라"

네 주님 저의 손이 주님의 손이 되겠습니다.
그리하여 병든 자에게 손을 얹겠습니다.
제가 손을 빌려 드리겠습니다. 행하시옵소서.

"너는 네가 모자란다 생각하지 말아라"

무슨 말씀이신지요?

"내가 네게 다 주었다. 너는 다 가지고 있다."

무엇을요?

"말씀의 능력, 권능의 능력, 나의 모든 것을 네게 주었노라."

주님 저는 그런 인간이 못됩니다.

"너는 나를 선포하기만 하라 행하라 순종만 하라"

네 알겠습니다.
주님이 분명히 다 하시겠다 하셨습니다.

"나는 너라"

주여! 주여 뉴저지 뉴욕은 바른 복음을 전하려 하는데 오히려 바리새인과 서기관과 같은 목사들끼리의 박해가 심하다 하는데요.

"너는 나만 증거하라. 천국과 지옥의 실제를 전하라
그들이 천국과 지옥에 대하여 깨어나게 해야 한다.
그들의 마음이 세상에 있다. 그것을 돌려놓아야 한단다."

주여!!! 천국 1/2, 지옥 1/2을 할까요? 3일 저녁 동안.

"상아야"

네
"네 손가락이 몇 개냐?"

제 손가락은 오른쪽 5개 왼쪽 5개 총 10개입니다.

"누가 지었느냐?"

주님이요.

"보라 어떠하냐?"

네 너무 완벽합니다.

"나는 그러한 자다."

네?

"나는 완벽하게 일하는 자다."

아~ 네~~
주님 그런데요?

"너는 아직도 모르겠냐?"

네?
"나는 너의 아버지라"

네

"네가 가진 것이 무엇이 있느냐?"

네?
저는 하나님, 주님밖에 없습니다.

"그것이다. 너는 다 가졌느니라"

오 할렐루야. 네 정말 그러네요.
제가 주님만 소유하면 저는 다 가진 자가 되네요.
할렐루야. 네 이제 100배 용기가 납니다.
주님을 가지고 있으니 겁이 나지 않습니다.
하나님께서 다 알아서 하실 것을 믿습니다.
천사들을 시켜서 다 알아서 해주실 줄 믿습니다.

"그렇단다. 무서워 말라 두려워 말라
내가 너와 함께 함이니라
내가 나의 의로운 오른손으로 너를 붙들어 주리라.
강하고 담대하라"

아멘!

30 구약편 3권
천국에서 에스겔을 만나다. 에스겔서에 나타난 네 생물과 계시록에서 나타난 네 생물은 다르게 창조되었음을 알게 하시다.

(2022년 7월 4일)

아침에 여러 시간 기도하면서 오늘은 꼭 에스겔을 만나서 에스겔서에 나오는 네 생물이 계시록에서 나오는 네 생물과 같은 네 생물인지 다른 네 생물인지를 물어봐야지 하는 마음으로 많이 기도하였다. 그러다가 하나님의 은혜로 천국에 올라가게 되었는데 나에게는 먼저 나를 수레 바깥에서 수호하는 천사가 보였다. 흰옷을 입었는데 머리에는 진한 청색의 띠를 매었다. 어떻게 보면 '일사각오'라는 뜻으로 보였다.

또한 나를 천국에 데리고 가는 수레가 왔는데 수레를 모는 여성처럼 생긴 천사도 이 천사는 매우 아름답다. 그리고 그 머리에는 동일한 청색이 띠를 매고 있었다.

그리고 수레를 모는 열 한 마리의 말이 왔다.

오른편부터 온유 충성 지도 사랑 지혜 인내 승리 소망 믿음 겸손 찬양이다.

이 중에 충성은 초콜렛 색깔의 말이고 지도(가르침이라는 뜻)는 검정색 말인데 머리털만 하얗다. 이 말은 참으로 건장하고 멋있다.

수레는 매우 아름다운 수레였는데 그 안에는 키가 8-9피트 되는 흰옷 입은 그리고 흰 두 날개 있는 천사가 나를 수레 입구 가장 가까이 서서 맞이하고 있었고 그다음은 정상적인 사람 키만 한 남성처럼 보이는 천사인데 흰옷을 입고 있었고 흰 두 날개를 가졌다. 그다음은 여성처럼 보이는 천사인데 나를 맞이하면서 수레 중앙에 있는 테이블 위에 있던 구약책(구약에 대한 책을 내가 써야 하는)과 그리고 황금 색깔의 노트와 그 위에 청색깔의 노트 두 개를 접시에 담아서 나에게 주는 것이었다.

나는 그것들을 받아와서 내 자리에 와서 앉으면서 내 앞에 있는 테이블 위에 놓았다.

그러자 수레 바깥의 천사가 마치 수레 안을 들여다보고 있듯이 '주인님 올라갑니다'라고 하였고 그러자 수레는 즉시 천국으로 올라가서 연못 위의 공중에 떠 있었다.

거기서 수레의 문이 열리고 나가니 두 여성처럼 생긴 천사들이 이들은 분홍색 옷과 분홍색 날개를 가진 천사들인데 이들이 나를 한 손씩 잡고 연못가에 있는 주님께로 인도하였다. 나의 두 눈에는 벌써 눈물방울이 탁구공만 하게 크게 맺혔다. 왜냐하면 주님을 만나는 것이 너무나 오랜만이었고 또 무한정 죄송하였고 그리고 무척 그리웠기 때문이다. 주여!

주님께서는 인자하신 모습으로 나를 맞아주셨다. 나는 연못가의 의자 옆에 놓여 있는 꽃신을 신고 연못 위로 걸어 들어가서 오른편 터널로 들어갔다. 그리고 터널 안의 물은 나를 에스겔의 집에 내려놓았다.

내가 에스겔의 집에 들어가기 전에 보니 그 집 현관 앞을 가로질러서 강이 놓여 있었는데 이 강의 물은 물론 생명수 강이었다.

그것을 지나서 에스겔의 집 현관문에 도달하여야 하는데 보니까 그 강을 가로질러서 황금으로 된 다리가 놓여 있었다. 강은 상당히 깊이가 느껴졌으나 다리의 길이는 그렇게 길지는 않았다. 즉 강의 폭이 크지 않다는 말이다. 내가 지상에서 생각하기는 약 10m 정도 길이가 될까 했다. 그 다리를 건너가니 현관문 앞에서 주님과 에스겔이 나를 맞아주었는데 에스겔의 얼굴은 젊은이로서 까만 머리가 오른편에서 왼편으로 내려가는 머리로 스포츠 머리는 아닌데 그보다는 더 길면서 가지런히 옆으로 내려가고 있었고 옆과 뒤는 머리가 짧아 보였다. 흰옷을 아래위로 입고 있었고 키는 아담 사이즈보다 약간 작다는 느낌을 받았다.

주님과 에스겔 그리고 나는 그의 집(그의 집은 매우 높아 보이는 회색 빌딩이었고 창문이 곳곳에 많았고 위로 빌딩이 올라갈수록 좁아지는 형태를 가진 집이었다.) 현관문을 통하여 집으로 들어갔는데 벌써 거기에는 모세가 와 있었다.

큰 거실 안에 거의 삼각형 모양의 큰 테이블이 놓여 있었고 그 테이블은 우윳빛이 나는 보석으로 된 약간 노란색이 섞인 테이블이었고 주님이 앉으셨고 그 오른편에 에스겔, 그리고 주님의 왼편에 모세 그리고 그 다음 내가 앉게 되었다.

에스겔과 내 앞에는 성경책이 즉시 놓여졌고 나는 에스겔을 바라보면서 에스겔 1장에 나오는 네 생물과 계시록 4장에 나오는 네 생물이 같은 네 생물인지를 마음으로 그에게 질문하고 있었다.

나는 혹시나 같은 네 생물이 아닐까 하는 마음으로 묻고 있었는데 주님께서 마음으로 내게 이렇게 물으셨다.

'네 손가락이 몇 개냐?'

'네?'

나는 나의 두 손을 펴 보이면서

'제 손가락은 다섯 개씩입니다.'라고 하면서 나는 내 손바닥을 바라보는데 그때에 주님께서 깨우쳐 주시는 생각은 '그렇게 대칭적으로 생긴 네 손을 내가 지었다.'

라는 감동이 오면서 '그렇다. 그분은 창조주 하나님이시니까 이렇게 똑같이 두 손을 대칭적으로 지으신 분이 그분이시다.'

그러면서 또 나에게 '그렇듯이 내가 그렇게 똑같이 지을 수도 있지만 에스겔에서의 네 생물과 계시록에서의 네 생물을 다르게도 지을 수 있는 자가 나다'라고 하시는 감동이 새삼스럽게 오는 것이었다.

'오~ 그렇구나!'

'우리 주님은 즉 우리 하나님은 똑같이 생기게도 지을 수 있으신 분이지만 각각 다르게도 지을 수가 있으신 분이구나'가 알아지면서 '아하, 그러면 에스겔서에서의 네 생물과 계시록에서의 네 생물이 다르게 지어진 것이구나'가 알아졌다. 즉 같은 네 생물이 아니라는 말씀이신 것이다.

그런데 정말 이 네 생물들의 모양은 다르게 보인다.

에스겔서 1장에 묘사된 네 생물의 모양

[겔 1:1-23]

1 제 삼십년 사월 오일에 내가 그발강 가 사로잡힌 자 중에 있더니 하늘이

열리며 하나님의 이상을 내게 보이시니 2 여호야긴 왕의 사로잡힌 지 오년 그 달 오일이라 3 갈대아 땅 그발강 가에서 여호와의 말씀이 부시의 아들 제사장 나 에스겔에게 특별히 임하고 여호와의 권능이 내 위에 있으니라 4 내가 보니 북방에서부터 폭풍과 큰 구름이 오는데 그 속에서 불이 번쩍번쩍하여 빛이 그 사면에 비취며 그 불 가운데 단 쇠 같은 것이 나타나 보이고 5 그 속에서 네 생물의 형상이 나타나는데 그 모양이 이러하니 사람의 형상이라 6 각각 네 얼굴과 네 날개가 있고 7 그 다리는 곧고 그 발바닥은 송아지 발바닥 같고 마광한 구리 같이 빛나며 8 그 사면 날개 밑에는 각각 사람의 손이 있더라 그 네 생물의 얼굴과 날개가 이러하니 9 날개는 다 서로 연하였으며 행할 때에는 돌이키지 아니하고 일제히 앞으로 곧게 행하며 10 그 얼굴들의 모양은 넷의 앞은 사람의 얼굴이요 넷의 우편은 사자의 얼굴이요 넷의 좌편은 소의 얼굴이요 넷의 뒤는 독수리의 얼굴이니 11 그 얼굴은 이러하며 그 날개는 들어 펴서 각기 둘씩 서로 연하였고 또 둘은 몸을 가리웠으며 12 신이 어느 편으로 가려면 그 생물들이 그대로 가되 돌이키지 아니하고 일제히 앞으로 곧게 행하며 13 또 생물의 모양은 숯불과 횃불 모양 같은데 그 불이 그 생물 사이에서 오르락 내리락 하며 그 불은 광채가 있고 그 가운데서는 번개가 나며 14 그 생물의 왕래가 번개 같이 빠르더라 15 내가 그 생물을 본즉 그 생물 곁 땅 위에 바퀴가 있는데 그 네 얼굴을 따라 하나씩 있고 16 그 바퀴의 형상과 그 구조는 넷이 한결 같은데 황옥 같고 그 형상과 구조는 바퀴 안에 바퀴가 있는 것 같으며 17 행할 때에는 사방으로 향한 대로 돌이키지 않고 행하며 18 그 둘레는 높고 무서우며 그 네 둘레로 돌아가면서 눈이 가득하며 19 생물이 행할 때에 바퀴도 그 곁에서 행하고 생물이 땅에서 들릴 때에 바퀴도 들려서 20 어디든지 신이 가려하면 생물도 신의 가려하는 곳으로 가고 바퀴도 그 곁에서 들리니 이는 생물의 신이 그 바퀴 가운데 있음이라 21 저들이 행하면 이들도 행하고 저들이 그치면 이들도 그치고 저들이 땅에서 들릴 때에는 이들도 그 곁에서 들리니 이는 생물의 신이 그 바퀴 가운데 있음이더라 22 그 생물의 머리 위에는 수정 같은 궁창의 형상이 펴 있어 보기에 심히 두려우며 23 그 궁창 밑에 생물들의 날개가 서로 향하여 펴 있는데 이 생물은 두 날개로 몸을 가리웠고 저 생물도 두 날개로 몸을 가리웠으며

계시록 4장에서 말하는 네 생물의 모양

[계 4:1-11]

1 이 일 후에 내가 보니 하늘에 열린 문이 있는데 내가 들은바 처음에 내게 말하던 나팔소리 같은 그 음성이 가로되 이리로 올라 오라 이 후에 마땅히 될 일을 내가 네게 보이리라 하시더라 2 내가 곧 성령에 감동하였더니 보라 하늘에 보좌를 베풀었고 그 보좌 위에 앉으신 이가 있는데 3 앉으신 이의 모양이 벽옥과 홍보석 같고 또 무지개가 있어 보좌에 둘렸는데 그 모양이 녹보석 같더라 4 또 보좌에 둘려 이십 사 보좌들이 있고 그 보좌들 위에 이십 사 장로들이 흰 옷을 입고 머리에 금 면류관을 쓰고 앉았더라 5 보좌로부터 번개와 음성과 뇌성이 나고 보좌 앞에 일곱 등불 켠 것이 있으니 이는 하나님의 일곱 영이라 6 보좌 앞에 수정과 같은 유리 바다가 있고 보좌 가운데와 보좌 주위에 네 생물이 있는데 앞뒤에 눈이 가득하더라 7 그 첫째 생물은 사자 같고 그 둘째 생물은 송아지 같고 그 세째 생물은 얼굴이 사람 같고 그 네째 생물은 날아가는 독수리 같은데

8 네 생물이 각각 여섯 날개가 있고 그 안과 주위에 눈이 가득하더라 그들이 밤낮 쉬지 않고 이르기를 거룩하다 거룩하다 거룩하다 주 하나님 곧 전능하신이여 전에도 계셨고 이제도 계시고 장차 오실 자라 하고 9 그 생물들이 영광과 존귀와 감사를 보좌에 앉으사 세세토록 사시는 이에게 돌릴 때에 10 이십 사 장로들이 보좌에 앉으신 이 앞에 엎드려 세세토록 사시는 이에게 경배하고 자기의 면류관을 보좌 앞에 던지며 가로되 11 우리 주 하나님이여 영광과 존귀와 능력을 받으시는 것이 합당하오니 주께서 만물을 지으신지라 만물이 주의 뜻대로 있었고 또 지으심을 받았나이다 하더라

그리고서는 그냥 그렇게 천국에서 내려오게 되었는데 그다음의 나의 질문은 '그러면 왜 한 천사의 머리가 그렇게 네 생물의 얼굴 모두

를 가지고 있나?' 하는 것이었고 '그리고 그들의 밑에 사면으로 바퀴가 있고 그 안에 그들의 신이 있고 그 바퀴를 둘러서 눈이 가득하다 하였는데 이것은 또 무엇을 의미하는 것인가' 하면서 이러한 것들이 궁금하였다.
다음에 만나면 이러한 것들을 질문하여야겠다고 생각하였다.

나는 오늘 에스겔을 만나면서 참으로 독특하다고 느낀 것은 그의 키가 좀 작다는 것 즉 아담 사이즈라는 것과 그의 집 바로 앞에 가로지르는 생명수 강가가 있다는 것, 그리고 그의 집이 매우 높은 회색 빌딩처럼 생겼다는 것, 그리고 그것이 위로 갈수록 좁아지는 형태를 가지고 있다는 것, 이 모든 것이 나에게는 참으로 생소하고 생소하였다.

31 구약편 3권
천상에서 내가 구약에 대한 책(여호수아와 사사기에 대한)을 쓰는 것을 매우 기뻐하여 주다.
(2022년 7월 12일)

아침에 기도한 후에 천국에 올라가게 되었다. 나를 데리러 온 수레가 연못가 공중에 섰고 공중에 선 수레는 다시 아름다운 수레로 장식이 되었다.

여기서 잠깐 왜 나를 데리러 온 수레가 이 연못가 공중에서 다시 더 아름다운 수레로 장식이 되는가 하면 이것은 내 경험상 알아낸 것이지 주님이 그렇다고 말씀하신 것은 아니다. 그러나 여러 번 이러한 경험을 함으로써 그냥 알아진다고나 할까 그러한 것이다. 이 연못가 공중에 도달하면 갑자기 수레가 더 아름답게 장식이 되는 것은 이 연못 위에는 '왕의 도시' 즉 왕권을 가진 자들이 모여 사는 도시로 가는 터널이 있다. 연못 위에는 두 터널이 있는데 오른편 터널과 왼편 터널인데 오른편 터널은 왕의 도시로 인도하는 터널이고 왼편 터널은 흰옷 입은 많은 무리들이 있는 컨벤션 센터로 들어가게 하는 터널이다. 그런데 이 두 곳은 예수님의 보좌 바로 아래 층에 있는 것으로 보이며 왜냐하면 예수님의 보좌에서 직진으로 내려오면 바로 이 컨벤션 센터와 왕의 도시가 나오기 때문이다.

즉 이 왕권을 가진 자들이 모여 사는 이 층은 내가 지상에서 마차를 타고 올라오는 기본층과는 다른 것 같아 보였다. 즉 이 기본층 위에 왕권을 가진 자들이 사는 층이 있다는 것이다. 그것이 연못이 있는 곳이다. 그러므로 기본층에서(나를 데리러 올 때에 수레의 장식) 이 왕의 도시로 들어가는 층으로 올 때에는 그 장식이 더 아름답게 변한다는 것이다. 왜냐하면 층이 다르기 때문인 것으로 보였다.

할렐루야.

나는 공중에서 수레를 내려서 분홍색 옷과 날개를 가진 두 천사들로 하여금 주님께로 인도함을 받았다.

나를 연못가에서 맞이한 주님께서는 즉시 나를 데리고 컨벤션 센터로 이동하셨는데 주님께서는 나와 함께 무대에 서셔서 구약 책을 들고서 많은 무리들에게 이렇게 외치셨다.

'사라가 돌아왔다. 그는 구약에 대한 책을 쓸 것이다'라고 공포를 하시니 거기에 있는 많은 무리들이 환호하는 것이 보였다.
모두가 너무너무 기뻐하여 주는 것이었다.
할렐루야 할렐루야. 나는 그리고서는 내려왔다.

32 구약편 3권
성부 하나님께서 '너는 예수의 말을 들으라'고 말씀하시다.
(2022년 7월 13일)

아침에 여러 시간을 기도한 후에 하나님의 은혜로 천국에 올라가게 되었다.
수레 바깥에서 나를 수호하는 천사가 보였는데 그는 눈에 닭똥 같은 눈물을 달고 있었다. 그는 나를 보니 반가와서 운다고 했다.
수레를 모는 천사도 마찬가지였다.
나는 즉시 수레를 탔고 수레는 물 색깔의 아주 이쁜 보석으로 된 연두색의 반투명한 보석으로 생긴 아주 큰 수레였다. 수레 안에는 늘 보는 세 명의 천사가 있었고 수레는 즉시 연못가 위의 공중에 떴다. 즉 즉시 이동한 것이다.
나는 그 공중에서 수레에서 내려 주님이 계신 연못가로 직접 내려가려 하였는데 주님께서 일부러 연못가에 서 계시다가 나를 보러 공중으로 즉시 올라오셔서 수레에서 내리는 나를 안아주시고 '내 딸아' 하시는 것이었다. 그러자 나는 염치불구하고 주님 품에 푹 안겨버렸다. 즉 주님이 나를 너무 기뻐하여 주시는 것이었다.

그러자 주님께서는 나를 안은 채로 날아서 유리 바다 위로 날으시다가 유리 바다 위의 카탈리나섬 같은 곳으로 나를 데리고 가셔서 그곳에 있는 하얀 궁 안으로 들어가셨다.
궁 안에는 벽을 둘러서 원래 내 책들을 진열하고 있었는데 그것들이 자세히 보였다.
벽의 중앙에는 크게 성경이 놓여 있었고, 그것의 시계 반대 방향으로 제 1권 녹색, 제 2권 붉은 색, 제 3권 창세기 분홍색, 그다음 제 4권 모세편, 제 5권이 계시록 이해 책이 놓여 있었고, 그 계시록 한 장 한 장 안에는 그 내용을 설명하는 황금으로 된 글이 하나씩 있다는 것이 알아졌다. 제 6권은 지옥편인데 이것은 성경 옆으로 진열되어 있었고 그다음 제 7권 하나님의 인책이 제 5권 옆에 있었다. 그리고 그다음 구약책 제 1권 여호수아와 사사기 그다음 제 2권 이번에 나올 책 룻기, 삼상하 등이 보였다.
할렐루야 할렐루야.
주님께서 나에게 쓰라고 한 책들이 여기에 다 보관되어 있다고 하는 것을 주님께서 나에게 보여주시려고 이렇게 나를 여기에 오늘 데리고 오신 것이 알아졌다.

그리고서는 주님께서는 다시 나를 붙드시고 날아서 성부 하나님께서 계신 곳으로 가셨다. 주님과 나는 늘 저 앞에 있는 성부 하나님의 보좌로부터 약 100m 떨어진 곳에 늘 서시는 그곳에 서시고 나는 그분의 왼편에 섰다. 그러니까 늘 예수님은 이 궁에 오면 늘 내 오른편에 서신다. 그리고 내 왼편의 앞쪽으로는 자그마한 흰 둥근 테이블이 놓여 있었고 그 위에는 황금색 노트와 그리고 그 위로는 구약을 어떻게 쓰는가 하는 매뉴얼 노트가 청색의 노트가 겹쳐져서 놓여져 있었다.
'어머나 저 노트들…'
그러고 있는데 저 앞에서 성부 하나님의 음성이 들려 왔다.
이렇게 말씀하시는 것이었다.
'너는 예수의 말을 들으라'
즉 그 말씀의 뜻이 알아졌는데 그것은 '내가 구약 책(구약에 대한 책)을 꼭 써야 한다'는 것이었다.

그리고서는 주님과 나는 다시 연못가로 왔다.
그리고 나는 에스겔을 만나기 위하여 그의 집으로 가기 위하여 연못가에 놓여 있는 꽃신을 신고 연못 위로 걸어 들어가서 오른편 터널로 들어갔다.
내 발밑의 터널의 물은 나를 즉시 에스겔의 집으로 인도하였는데 에스겔의 집 앞에는 생명수가 흐르는 강 (크기가 도랑과 큰 강의 중간 사이즈로 보인다.) 즉 강이라고 하기보다는 작고 도랑보다는 훨씬 그 사이즈가 컸다.
그래서 그 현관문으로 들어가기까지 강을 가로지르는 황금으로 된 다리가 놓여 있었다.
이쪽 편에서 보니 저쪽 편에 벌써 예수님과 에스겔 그리고 오늘은 모세가 다리 반대편에서 나를 기다리고 있는 것이 보였다.
나는 즉시 그들을 만났고 우리 모두가 다 에스겔의 집 안으로 들어갔다.
에스겔의 집은 회색으로 매우 크며 큰 빌딩으로 생겼는데 밑에서부터 넓이가 위로 좁아지는 여러 층의 큰 빌딩처럼 보였다. 에스겔의 집안에서 주님이 테이블 머리에 앉으시고 그의 오른편에 테이블에 에스겔이 앉고 테이블 왼편에는 주님의 가까운 쪽으로 모세가 먼저 그리고 내가 앉았다.

나는 에스겔서 1장에 나오는 네 얼굴을 가진 네 생물에 대하여 질문하였다.
나는 '왜 그 네 생물이 네 얼굴을 가졌느냐'고 물었다. 나는 그것이 매우 궁금하였다. 그리하였더니 내가 그 질문을 하자마자 알아지는 것이 '아하 이 네 얼굴을 가진 이 네 생물은 동시에 다 보는구나'가 알아졌다. 이 네 얼굴을 가진 네 생물은 앞에 사람의 얼굴, 오른편 옆으로는 사자의 얼굴, 왼쪽 옆으로는 송아지 얼굴, 그리고 뒤로는 독수리의 얼굴을 가지고 있었다.
이 네 얼굴을 가진 네 생물들은 하나님의 보좌를 그들의 머리 위로 붙들고 여기저기로 이동하는 모습을 보이는데 이들은 지상에 있는 네 종류의 동물들을 한꺼번에 다 살피기 위하여 네 얼굴을 가졌다는 것이 알아졌다.
'와우~~'

계시록에서는 네 생물들이 하나는 사자의 얼굴, 사람의 얼굴, 송아지 얼굴, 독수리 얼굴을 하고 있는 천사들로 날개를 6개씩 가지고 있는 천사들에 대하여 내가 이전에 계시록 이해라는 책에서 이들에 대하여 쓴 것을 여기 인용하여 본다.

i) 왜 그들의 얼굴이 하나는 사자, 하나는 송아지, 그리고 하나는 독수리이고 또 하나는 사람의 얼굴인지?...

ii) 그리고 그들의 여섯 날개 안팎으로 많은 눈들은 무엇을 의미하는지?...

주님이 그 답을 생각으로 알게 하여 주신다.
아하....
사자는 들짐승,
송아지는 집에서 기르는 동물,
독수리는 공중의 새,
사람은 인간.

그런데 이들은 사자는 들짐승 중의 우두머리이고,
송아지는 집에서 기르는 동물의 우두머리이며,
독수리는 공중의 새 중의 으뜸이라 말할 수 있다.

그러면서 이들은 어떠한 천사들인가를 알게 하여 주신다.

즉 독수리 얼굴을 하고 있는 천사는 공중의 새들을 감찰하는 천사로서 그 여섯 개의 날개 안과 주위에 눈이 가득하다 하였는데 이 눈들은 바로 이 천사가 부리는 천사들로서 공중의 모든 새들을 감찰하는 영들인 것이다.
할렐루야.

...중간 생략.

[욥 38:41]

까마귀 새끼가 하나님을 향하여 부르짖으며 먹을 것이 없어서 오락가락할 때에 그것을 위하여 먹을 것을 예비하는 자가 누구냐

[욥 39:1-2]

(1) 산 염소가 새끼 치는 때를 네가 아느냐 암사슴의 새끼 낳을 기한을 네가 알 수 있느냐 (2) 그것이 몇 달 만에 만삭되는지 아느냐 그 낳을 때를 아느냐

[마 10:29]

참새 두 마리가 한 앗사리온에 팔리는 것이 아니냐 그러나 너희 아버지께서 허락지 아니하시면 그 하나라도 땅에 떨어지지 아니하리라

즉 이 모든 것을 하나님이 천사들을 통하여 감찰하고 계신다는 것을 알 수 있다.
그리고 들짐승들을 감찰하는 천사는 사자 얼굴을 하고 있고 여섯 개의 날개 안과 주위에 눈들이 가득하다 하였는데 이 사자 얼굴을

하고 있는 천사는 들짐승들을 다 감찰하고 보살피고 있는 천사인 것이다. 할렐루야.

그리고 송아지 얼굴을 하고 있는 천사는 지상의 집에서 기르는 모든 동물들을 감찰하는 천사라 할 수 있다. 이 천사 역시 여섯 날개 안과 주위에 눈들이 가득한데 이들은 이 천사가 부리는 감찰하는 영들이라는 것을 알수 있는 것이다.
할렐루야.

그리고 사람의 얼굴을 한 천사는 이 세상의 모든 사람들을 감찰하는 천사로서 이 천사 역시 여섯 날개 안팎으로 눈들이 가득한 것이다.
오! 할렐루야!
이제야 이해가 된다.

주님은 공중의 새도 자신의 뜻이 아니면 한 마리도 그냥 떨어져 죽지 아니한다 하였다.
즉 하나님께서 이 네 생물을 통하여 지상의 모든 사람과 동물들을 감찰하시고 다스리고 계신다는 것을 알 수 있는 것이다.
할렐루야.

[마 6:26]

공중의 새를 보라 심지도 않고 거두지도 않고 창고에 모아 들이지도 아니하되 너희 천부께서 기르시나니 너희는 이것들보다 귀하지 아니하냐

즉 공중의 새들까지도 하나님께서 기르신다는 것이다. 하물며 들짐승이나 집에서 기르는 동물이나 사람이랴!
할렐루야.

[눅 12:6]

참새 다섯이 앗사리온 둘에 팔리는 것이 아니냐 그러나 하나님 앞에는 그 하나라도 잊어버리시는 바 되지 아니하는도다

참고로 이 네 생물은 언제나 하나님의 보좌 가까이에서 있는 것을 볼 수 있다. 즉 이것은 늘 하나님 가까이에서 지상에서 감찰한 내용을 늘 보고하고 있음을 알 수 있다.

여기까지는 '계시록 이해'라는 책에서 인용한 내용이다.

성경에는 하나님께서 '그룹을 타고 날으심이여...'라고 되어 있다.

[시편 18:9-10]

9 저가 또 하늘을 드리우시고 강림하시니 그 발 아래는 어둑캄캄하도다
10 그룹을 타고 날으심이여 바람 날개로 높이 뜨셨도다

그다음 나는 또 질문하였다.
그러면 '왜 날개는 4개인가'를 질문하였다.
그리하였더니 즉시 알아지는 것이 '아하~ 두 날개로는 보좌를 붙들고 두 날개로는 날기 위해서'라는 것이 알아졌다.

그리고 '그 생물들 옆에 왜 바퀴가 있는지'가 알아졌는데 '이동하기 위하여'라는 것이 알아진 것이다.
할렐루야. 할렐루야.

그다음 나의 4번째 질문은 그들의 날개 소리가 물소리도 같고 또 전능자의 목소리와도 같다고 되어 있는데 나는 이것이 무슨 말씀인지를 알아야겠다는 생각에서 질문을 가져보았으나 여기에 대하여서는 아무것도 듣지 못하고 내려오게 되었다.

아마도 다음에 가르쳐 주실 것인가보다 하고 내려온 것이다.

33 구약편 3권
내가 구약에 대한 책을 써야 주님께서 곧 오실 것이라는 메시지를 주시다.
(2022년 7월 26일)

아침에 기도를 한참하고 있는데 갑자기 기도 가운데 하나님의 임재가 크게 왔다. 그러자 내 옆에 시온 천사가 와서 앉아 있는 것이 느껴졌고 그는 핀셋으로 손바닥만한 큰 얇고 얇은 쌀과자 같은 것을 내 입에다가 넣어주었는데 이전의 것보다 너무 커서 입안에서 구겨지면서 녹아내렸다. 그리고 나는 그것을 먹었다.

그러자 내 눈앞에 영계가 열리면서 주님께서 계단 위에 서 계신 것이 보였고, 나는 어린 12살 내지 13살 정도의 어린이로 변하여 주님께로 갔다.

주님께서는 나의 손을 붙잡고 계단 끝에다가 나를 세워주시고는 주님께서는 주님 보좌 쪽으로 가셨다. 나는 주님 보좌 앞으로 가는 계단끝 위에 서 있었다.

거기 계단 위 끝에는 내가 통상시에 수레를 타고 천국에 도착하면 수레 바깥에서 나를 기다리고 있다가 내가 수레를 내릴 때에 나를 주께로 인도하는 분홍색 옷을 입은 두 천사가 나를 기다리고 있었다. '와우~~~ 이들이 여기에...'

그리고 계단 끝에 서 있는 나의 모습을 보았더니 계단을 올라갈 때에는 12살 내지 13살 먹은 어린 소녀의 모습에서 이제는 아름다운 처녀로 변하여 있었다.

이 분홍색을 입은 두 천사가 이제는 머리카락이 둘 다 단발 모양으로 검은색이었다. 이전에는 이 머리카락도 얼굴도 다 분홍색처럼 보였었다. 이 둘은 나의 손을 양쪽에서 하나씩 잡고서 나를 주님 보좌 앞으로 인도하였다. 이렇게 이 두 천사가 나를 보좌하여 주님의 보좌 앞까지 인도하여 간 것은 이번이 처음이었다.

주님 보좌 앞으로 인도함을 받은 나는 예수님의 구멍 뚫린 두 발을 씻겨드려야 했다.

그러자 주님의 두 발에서 피가 흘러나왔다. 나는 마음이 매우 괴로웠다. 그러자 어떤 하얀 가루가 그 구멍에서 나오는 피를 멈추게 하였다. 나는 너무 순간적으로 감사했다. 왜냐하면 그 구멍 뚫린 발을 씻기면서 우리를 위하여 고통당하신 그것을 생각하면 내 마음이 너무 무거워 견디기 힘들 정도로 아팠기 때문이다. 그것을 아셨는지 속히 그 물에 흰 가루가 뿌려지더니 그 발에서 피가 나오는 것이 멈추어진 것이다. 주여!

그러자 내 눈에 주님의 보좌 뒤로 두 천사가 양쪽에 서 있는 것이 보였고 이들은 매우 키가 큰 천사들이라는 것이 알아졌다. 즉 보좌 양옆으로 선 천사들은 키가 사람만한 키인데 여기 주님의 보좌 뒤로 서 있는 이 두 천사들은 키가 8-9피트는 되어 보이는 것 같았다.

그런데 이들은 주님 뒤편 양쪽으로 서 있었는데 그들의 손에는 가늘고 긴 무엇인가를 들고 서 있었다.

어떻게 보면 그것이 처음에는 칼인가 하고 생각했다.

그런데 자세히 보니 감겨져 있는 두루마리였는데 잡고 있는 손에 가까운 끝은 나름대로 크기가 주먹만한 크기라고 한다면 이것이 위로 그 끝이 올라가면 올라갈수록 좁아지면서 그 키가 정말 가늠하기 힘들 정도로 커 보였다. 이것을 세워서 들고 있으니 그 끝이 하늘을 향하고 있었는데 그 끝이 안 보일 정도로 높았다.

주님께서 그들에게 말씀하셨다.

"그것들을 사라에게 주어라"

그래서 그 천사들이 그 두루마리 하나씩을 내게 주었고 나는 그 두 개를 들고 있었는데 그러한 나를 주님께서는 컨벤션 센터로 인도하셨다. 컨벤션 센터의 무대에 서신 주님은 거기 있는 흰옷 입은 무리들에게 내가 그 두루마리를 펴서 그들에게 보여주기를 원하셨다.

나는 그중 하나를 펴 보았다.

하나는 이렇게 붓글씨로 써 있었다.
'내가 속히 오리라'
주여!

그리고 그다음 두루마리를 폈다.
그리고 거기는 이렇게 쓰여져 있었다.
'사라가 구약을 쓸 것이다.' 구약에 대한 책을 쓸 것이라는 것이다.
할렐루야.

여기서 주님이 말씀하시는 구약이란 구약의 내용들에 대한 내가 궁금한 점들을 믿음의 선진들을 만나서 물어서 그 답을 쓰는 것을 말한다. 그러므로 나는 내가 구약을 다시 쓰는 것이 아니었다.

나는 깜짝 놀랐다. 그 두루마리의 내용들이 그러한 두 가지 사실이라는 사실에 대하여 말이다. 주님께서는 이 두 가지를 내게 그리고 거기에 있는 흰옷을 입은 자들에게 두루마리를 통하여 다시 한번 선포하신 것이었다.
할렐루야.

나는 다시 생각한다. 왜 이 두 내용일까?
주님께서는 나에게 너는 내가 다시 오기 전에 7권의 책을 써야 한다고 하셨다.
그것도 지옥편은 빼고...
그래서 이제 마지막 일곱 번째의 책이 구약에 대한 책인데 이전에 주님께서는 내가 일곱 권의 책들을 다 써야 주님께서 다시 오신다고 하셨는데 그래서 이 두 가지가 오늘 이 두 개의 두루마리에 쓰여져 있는 것인가 하는 생각이 들어왔다.

물론 내가 이 책을 다 쓰자마자 곧바로 오신다는 그런 말은 아니다. 어찌하였던 주님 오시기 전에 내가 그 일곱 권의 책들을 다 쓴다는 말이다.
내가 그 일곱 권의 책들을 다 쓴 후에 얼마가 지나서 주님이 다시 오실지는 아무도 모른다. 주여~~~

내가 말하고 싶은 내용은 주님이 언제 오실지는 모르나 그 전에 내가 구약에 대한 책을 다 쓴다는 말이다.

34 구약편 3권
전능자의 목소리는 물소리가 아니라는 것을 알게 해 주시다.
(2022년 7월 27일)

아침에 2시간 정도 기도를 한 후였다.
하나님의 임재가 느껴지더니 시온 천사가 나에게 쌀과자를 입에 넣어주고 씹는 순간 내 앞에 주님의 모습이 보였고 그분은 나에게 이렇게 말씀하셨다.
"올라오너라."
그리하여 나는 어느새 주님과 함께 에스겔의 집에 와 있는 것을 발견하였다.

에스겔의 집은 그 집 앞에 큰 도랑 즉 강보다는 작은 시내가 있는데 그것을 건너려면 황금 다리가 놓여 있었다. 대개는 그 다리를 건너서 에스겔 집으로 갔는데 오늘은 이미 내가 그 다리를 건너서 현관문 앞에 와 있었다. 그곳에는 주님과 에스겔 그리고 하늘색옷을 아래위로 입은 모세가 보였다.
우리는 다 함께 궁 안으로 들어갔다.
큰 궁 안에서 약 삼각형 모양의 우윳빛과 상아 색깔이 나는 탁자에 주님이 삼각형 모서리에 앉으시고 그리고 그의 오른편으로 에스겔이 앉고 왼편으로는 모세가 앉고 그다음 내가 앉았다. 에스겔과 내 앞에는 여느 때와 같이 성경책이 펴져 있었다.
나는 질문을 시작하였다.
'주님, 성경에 보면 전능자의 음성이 물소리와 같다고 되어 있는데 저도 그러한 물소리와 같은 음성을 듣고 싶어요'라고 했다.
그러자 순간적으로 주님께서 나에게 깨우쳐 주시는 것은 아니 말 없는 말로 전달이 되는 것은 '내 목소리는 물소리가 아니란다.'
'아니 네? 아니 그러면 왜 성경에서는 물소리와 같다고 되어 있는지요?' 라고 질문을 생각했을 때에 즉시 알아지는 것이 있었다.
'아하 그렇지! 그 물소리는 천사들의 날개 소리라고 했지'

[겔 1:24]

생물들이 행할 때에 내가 그 날개 소리를 들은즉 많은 물 소리와도 같으며 전능자의 음성과도 같으며 떠드는 소리 곧 군대의 소리와도 같더니 그 생물이 설 때에 그 날개를 드리우더라

즉 이 순간에 나는 '전능자 하나님께서 말씀하실 때에 그들이 그 말씀에 화답하는 것이 날개들의 소리였구나'가 알아진 것이다.
즉 전능자가 소리가 발할 때에 화답으로 천사들이 날개를 친다는 것이다.
그 소리가 물소리와 같다고 성경은 말하고 있다.
그러니까 전능자의 목소리가 발할 때마다 그렇게 천사들의 날개 치는 소리가 물소리같이 들리니 성경에서는 전능자의 음성이 물소리와도 같고 많은 무리들의 소리와도 같다라고 표현이 되어 있는 것이라는 것이 알아졌다.
와~~~ 할렐루야. 할렐루야.
이제야 속이 시원하다. 그러면 그렇지. 전능자의 음성이 물소리 같을 수는 없는 것이 맞다. 왜냐하면 천사들의 날개 치는 소리가 물소리 같다 하였으니 그들이 전능자의 보좌 앞에서 가까이 섬기고 있으니 전능자의 소리가 발할 때 그들의 날개 소리가 함께 나니까 이들이 섞여서 나는 소리라는 것이 알아진 것이다. '와우~ 할렐루야' 아멘.

35 구약편 3권
주님께서는 '내가 아직 준비가 안 되었다'고 말씀하신다.
(2022년 11월 19일)

한국에서 집회 다녀온 지 꼭 한 달 정도만이다. 갔다 와서 기도의 자리에 아침저녁으로 앉는다 하여도 시차 적응이 안 되어 2주 동안을 앉아 있었으나 참으로 힘들었다. 기도도 잘 안 되었다. 그러나 이틀 전에 주님은 나를 천국에 올라오게 하셨는데 나를 이사야의 집 옆에 생명수 강가로 데리고 가시더니 그곳에서 옷을 입은 채로 이사야의 집 옆에 있는 생명수 강가에 몸을 담그게 하셨다. 그러시면서 주님은 이사야에게 이렇게 말씀하시는 것이 알아졌다.
'사라가 아직 준비가 안 되었다.'라고 말씀하시는 것이 주님께서 나에게 천국을 더 열어서 보이고 싶으시나 내가 아직 준비가 안 되어 보여줄 수 없으시다는 의미로 들렸다.
요즘에 나는 계속 에스겔서를 보면서 에스겔서에서 나오는 네 생물에 대하여 궁금해하였다. 이유인즉슨 주님께서 에스겔에게는 보여주신 네 생물을 왜 나에게는 안 보여주시는지 라는 의문이 생기면서 주님께 사실 애원하는 마음이 생겼다.
'주님, 저에게도 보여주시옵소서! 네 얼굴을 가진 네 생물을'
그런데 사실은 하나님께서 나에게 보여주시기를 원하셨는데 보여주시지 못했던 이유가 오늘 주님께서 나에게 알게 하여 주시는데 정작 내가 그것을 볼 준비가 아직 안 되었다는 것을 알게 하여 주신 것이었다.

그리고 오늘도 주님은 나를 보통 때처럼 열 한 마리가 이끄는 수레를 보내셔서 즉 수레 바깥에서 나를 인도하는 천사와 수레를 모는 천사가 왔고 그리고 큰 수레가 왔는데 수레 안에는 역시 세 천사가 나를 맞이하여 주었다. 제일 먼저 문 쪽으로 선 키가 8-9피트 되는 천사, 그다음은 바로 옆에 보통 사람 키만 한 천사, 그다음은 여성처럼 보이는 분홍색과 살구색이 중간색으로 된 옷을 입은 천사 세 명이 내가 수레를 타자마자 나를 수레 안에서 맞아주었다. 그러자 수레는 즉시 나를 데리고 천국대문을 통과하여 연못가의 공중에서 그 수레가 멈추었다.

나는 수레 바깥으로 나오니 늘 나를 수레 바깥에서 시중드는 여성처럼 보이는 두 천사의 도움을 받아 저 아래 연못가에 흰옷 입고 계신 주님께로 인도함을 받았다. 나는 주님께로 와서 무조건 주님발 앞에 엎드려 '잘못했어요 주님' 하고 빌었다. 주님 앞에 서면 늘 그랬다. 내가 무조건 죄인임이 느껴져서 무조건 그분의 발 앞에 엎드려 용서를 빌지 아니하면 안 될 것 같았다. 주님 앞에 서면 아주 죄송스럽고 너무나 민망스러웠던 것이다.

그런 나를 보시고 주님께서는 말 없는 말을 내게 전달하셨다. 즉 내가 연못가에 있는 벤치 옆에 놓여 있는 꽃신을 신고 연못 위로 걸어 들어가 터널로 들어가기를 원하셨다. 그래서 나는 얼른 꽃신을 신고 터널로 들어가 에스겔의 집 앞에 도착하였다. 즉 터널 안의 내 발

밑에 있는 물은 내가 터널 안에서 가만히 서 있어도 그 물은 나를 에스겔의 집으로 즉시 데려다 놓은 것이다. 즉 내가 움직이는 것이 아니라 물이 움직이는 것이다. 꼭 편평한 에스컬레이터처럼...

에스겔의 집 현관문 앞쪽으로는 생명수 강이 가로질러 놓여 있었다. 이 생명수 강은 이사야 집 옆에 있는 생명수 강보다는 훨씬 작아 보였다. 즉 폭이 좁아 보였다. 이 생명수 강을 가로질러 황금 다리가 여기서부터 저 에스겔의 집 현관문 가까이 까지 놓여 있었다. 나는 그 황금 다리를 건너가서 거기에 서 계신 주님, 모세, 에스겔을 만났다. 그들은 나를 기다리고 있었다.

우리 모두는 에스겔의 궁 안으로 들어섰다. 에스겔의 모습은 약간 작은 키에 얼굴은 보통 얼굴에다가 머리는 약간 숱이 많은 검은 스포츠머리를 하고 있었다. 그리고 그는 아래위로 하얀 옷을 입고 있었다.

우리 모두는 들어가서 상아빛이 나는 즉 우윳빛이 나는 큰 삼각형의 보석 테이블에 앉았는데 그 테이블의 삼각형이 각이 진 모서리에 주님이 앉으셨고 그 오른편에는 에스겔이 그리고 왼편에는 모세와 내가 앉았다.

나는 내 머리를 테이블에 갖다 대면서 (즉 나는 무엇을 물어야 될지 모를 때에 나는 내 머리를 테이블 위에 갖다 댄다.) '주님 저는 도대체 에스겔서에 대하여 무엇을 물어보아야 할지 잘 모르겠어요'하고 참으로 고민하듯이 물었다.

그랬더니 모세의 두 눈에는 메추리알 같은 큰 눈물방울이 두 개가 달렸다.

즉 모세는 나를 무척 동정하는 눈치였다. 그래서 그는 그 상황이 너무 안타까와서 내 대신 우는 것이었다. 그는 마음을 아파하였다. 이렇게 천국에서는 감정표현이 더 실감나게 표현된다. 그리하여도 주님은 아무 말이 없으셨다.

무엇인가 나에게 알려 주지 못하도록 막고 있는 것 같았다.
아니 이것은 그저께 주님께서 나를 이사야집 근처의 생명수 강가로 데리고 가서 이사야에게 '사라가 아직 준비가 안 되었다'라고 말씀하는 것과 같은 것이었다.
즉 나에게는 알려져야 할 것이지만 내가 준비가 안 되어 지금 알려지지 않은 무언가가 있다.
그것을 가로막는 것은 다른 누군가가 아니라 바로 나 자신이었다. 내가 아직 준비가 안 되어서 주님께서는 밝히실 수가 없으시다는 것이다.
주여~~~

그런데 나는 분명히 주님이 같은 테이블에 앉아계셨는데 갑자기 주님의 얼굴이 안 보이셨다. '왠 일일까?'
나는 그제와 오늘 이렇게 답답한 상황들을 맞이하면서 이전에 모세가 나에게 한동안 입을 열지 않았던 그때가 생각이 났다.
내가 받을만한 준비가 안 되어 있으니 모세도 그때 한 달간을 나에게 말하지 않았던 것이다. 이번에도 그러한 비슷한 현상이 일어나고 있음이 눈치가 채진 것이다. 그리고 나는 천국을 내려오게 되었다.

그리고 나는 하루속히 내가 준비되어져서 주님께서 나에게 보여주시고자 하시는 것을 빨리 보여주시기를 소원할 뿐이다.

36 구약편 3권

2022년 11월 25일

(1) 나에게 가면을 벗으라고 말씀하시다.
(2) 이사야, 사도 요한, 에스겔 그리고 주님과 내가 성부 하나님이 계신 궁에 가서 서다.
(3) 독수리 얼굴을 한 여섯 날개 달린 천사를 보다.

아침에 기도할 때에 나는 벨리제에서 열릴 12월 2-4일에 열릴 제 1회 목회자 세미나를 놓고 기도하는 중이었다. 특별히 집회 중에 하나님의 나타나심 즉 성령의 기름 부으심이 있기를 전심으로 기도하고 있었다.

갑자기 주님께서 내가 두 손을 높이 들고 일어서기를 원하시는 것 같아서 나는 눈을 감은 채로 두 손을 들고 일어섰다. 그리하였더니 양쪽의 두 손바닥에 신유의 두 주머니 (여기서 신유의 두 주머니라고 하는 것은 내가 그 집회에서 병고침의 은사로 그들을 손을 얹고 기도하여 줄 때에 병이 낫는 그러한 의미를 가진다.)가 하나씩 놓여지는 것이었다.

그 주머니들 속에는 무엇인가가 들어있었는데 나는 그것이 무엇인지는 확실치 않았다. 그것에 대하여 너무나 감사하고 있는데 온몸에 힘이 쭉 빠지는 것이 느껴졌다. 그래서 내가 주저앉으려 하고 있을 때에 나는 다시 축사의 두 주머니를 구하였다. 그리하였더니 또 축사의 두 주머니가 한쪽 손에 하나씩 주어지는 것이었다. 그리고서는 나는 쓰러지고 말았다. 즉 주님의 임재가 더 강하게 임했기 때문이었다.

주여~~

그러자 나를 천국으로 데려가기 위하여 수레가 왔다.
수레 바깥에서 나를 인도하는 천사는 항상 내게 나를 데리러 오는 수레보다 먼저 내 눈에 보였다. 그가 나에게 숟가락으로 맑은 물을 두 번 떠 먹였다.
그리고서는 나에게 빨리 올라가도록 서두르기를 원했다.
오늘따라 수레를 모는 천사의 머리에는 은빛이 나는 띠를 머리에 하고 있었고 그것이 반짝이면서 아름다워 보였다. 나는 즉시 수레 안으로 들어섰는데 먼저 가장 큰 키를 가진 천사가 가장 먼저 그다음 사람키 만한 천사가 서 있었고 그리고 세 번째는 여성처럼 보이는 천사가 나를 맞이하여 주었다. 그 여성처럼 보이는 천사가 구약책(구약에 관해서 내가 쓸 책으로 매우 두껍고 또한 이 책은 전체적으로 쑥색인데 그 가장자리가 황금색으로 띠를 얇게 두르고 있었다.), 그리고 황금색 표지의 노트와 그 밑에 겹쳐서 청색 표지의 노트를 쟁반 같은 것에 담아서 내가 수레 안에 있는 내가 앉는 자리로 와서 그 쟁반을 내 앞 테이블 위에 놓아주었다.

그러자 수레 바깥에서 나를 수호하는 천사가 출발신호를 했다. 그리고 내 앞 테이블 위의 그릇 안에는 얇은 동전 같은 쌀과자 하나가 그릇에 놓여 있었고, 나는 그것을 먹었다.

그러자 이 수레는 즉시 천국으로 가서 연못가의 공중에 도착했는데 수레가 수레 앞쪽으로 신부들이 쓰는 면사포 같은 것으로 다시 아름답게 장식이 되면서 수레 전체가 아주 진한 녹색으로 변하였다.

나는 내가 수레에서 내리면서 나 자신을 보았는데 수레와 같은 색깔 즉 진한 녹색으로된 챙이 넓은 모자를 쓰고 있었고 그 모자는 아름답게 장식이 되어 있었다. 그리고 나는 긴 머리에 흰 드레스를 입고 있었다. 나는 주님께로 가기 위하여 내렸다. 그러자 두 천사 분홍색 옷을 입은 두 천사가 나를 급히 연못가에 서 계신 주님께로 나를 인도하였다.

주님께서는 오늘 수염이 없는 얼굴로 나타나셨고 흰옷을 길게 입으시고 계셨다.

내가 주님께로 가자 주님께서는 얼른 대야에 생명수 담은 물로 내 두 발을 씻기셨다.

나는 정말 거부하고 싶었다. 나는 내 발이 영적으로 얼마나 더러운지 알기 때문이다. 정말 오늘은 한번 씻으신 후에 다시 물을 갈아서 두 번 씻어주셨다. 그다음 손도 씻어 주셨다. 그런 후에 큰 긴 항아리를 가진 두 천사가 항아리를 가져와서 내 머리 위로 부었다. 나의 온몸이 생명수로 깨끗하게 씻겨져 내려갔다.

그러자 주님께서는 나보고 '갈 곳이 있다'고 하시면서 나를 데리고 날기 시작하셨다. 아니 연못가에 왔으면 보통 내가 연못 위로 걸어 들어가서 터널을 통하여 왕의 도시로 가야 하는데 오늘은 주님께서 나를 데리고 손을 잡고 날기 시작하시면서 어디론가 빨려 들어가듯이 가게 되었는데 그곳은 성부 하나님이 계신 곳이라는 것이 알아졌고 여기에 오면 보통은 하나님의 보좌가 있는 곳에서 100m 떨어져서 서는데 오늘은 아주 가까이 와서 서 있는 것같이 보였다.
그리고 역시 주님은 내 오른편 옆에 서 계셨다.
그리고 조금 내 앞에는 황금색 노트와 그 밑에 청색 노트가 흰 테이블 위에 놓여 있었는데 오늘따라 그 노트들이 대형노트로 아주 크게 보였다.
그리고 나는 의아해하였다. 오늘은 100m 되는 곳에 선 것이 아니라 내가 느끼기에 성부 하나님 보좌와의 거리가 25m 정도로 더 가깝게 주님과 내가 서 있었던 것이다. 그래서 보좌가 아주 가까이 와 있는 것처럼 느껴졌다. 나는 '오늘 이것이 무슨 일인가' 하는 의문이 생겼다. 그런데 예수님은 여기에 대하여 아무 말씀이 없으셨다.
단지 그렇게 가까이 갈 수 있다는 것을 알게 하시고는 주님께서는 나를 데리고 다시 연못가로 오셨다. 꼭 그렇게 가까이 갈 수도 있다는 것을 맛을 보여주시는 것처럼...

그리고서는 주님께서는 내가 벤치 옆에 놓여 있는 신을 신고 연못 위로 걸어 들어가기를 원하셨다. 그래서 그 신을 신는데 오늘은 아무 장식이 없는 흰 신이었다. 나는 그 흰 신을 신고 연못 위로 들어가서 오른편 터널의 황금 문을 열어제꼈다.
그리고 그 보라색 공간(터널 안이 보라색)으로 들어섰는데 그랬더니 내 발 밑의 터널의 물이 나를 즉시 에스겔의 집 앞의 강 앞에다가 나를 내려놓았다. 강 위로 (사실 보통의 강보다는 작다.) 황금 다리가 에스겔의 집 현관문까지 놓여 있었다. 그런데 오늘은 내가 황금 다리를 건너기 전에 신고 있었던 흰 신을 벗어놓고 건너갔다. 이런 일은 나는 오늘 처음 보았다. 아마도 이 흰 신은 다시 그 연못가의 벤치 옆으로 가서 놓여지지 않을까 하는 생각이 들었다.
내가 황금 다리를 건너가니 그 현관문에는 역시 주님, 모세, 에스겔이 기다리고 있었다.
우리 모두는 에스겔의 집으로 들어가서 삼각형 모양의 우윳빛 나는 테이블에 앉았다.
주님께서 삼각형의 테이블의 모서리 부위에 앉으시고 그 오른편으로 에스겔이 성경을 펴고 앉았고 주님의 왼편에는 모세가 먼저 그리고 그 옆에 내가 테이블에 성경을 펴고 앉았다.
나는 그곳에서 '주님, 왜 제게는 에스겔에게 보여주었던 그 천사들을 안 보여 주시나이까? 아니 이사야 그리고 사도 요한도 보았던 그 천사들을 왜 저에게는 안 보여주시나이까?' 하고 애타는 심정으로 물었다.
그러자 모세가 나를 보고 '가면을 벗으라'고 말하는 것이 알아졌다.
'아니 내가 가면을 쓰고 있다니!' 나는 그 말에 놀라서 나는 쓰고 있던 모자를 벗고 머리를 테이블에 갖다 대면서 절망하여 말했다.
"주님 나는 잘 모르겠어요 무슨 말인지?"
나는 어쩔 수 없었다. 나는 그들이 무엇을 말하는지를 알지 못했다. 그러자 모세가 다시 내게 이렇게 알려주었다.
'아는 체하지 말라'는 것이다.
'주여 제가 아는 것이 무엇이 있겠습니까? 그러나 제가 아는 체하였다면 용서하여 주세요. 저는 아는 것이 없습니다'라고 절규하면서 머리를 테이블에 대고 울고 있었다.

(이것은 나중에 내가 생각나서 알게 되었는데 이전에 주님께서 나를 이사야 집의 생명수 강가에 가서 목욕을 시키면서 이사야에게 '사라가 아직 준비가 안 되었다' 하는 말과도 일치함을 알게 되었다. '그렇구나! 결국은 내가 그것을 알 준비가 안 되어 있다는 말이었구나.' 이러한 일들이 모세와 만나서 모세편을 쓸 때에도 이러한 현상이 일어났던 것이 기억났다. 내가 준비가 되지 아니하면 천국에서의 일은 나에게 알려지지 않는다. 내가 아는 체한다는 것이다. 이는 내가 가진 모든 선입견 내가 알고 있는 모든 것을 내려놓으라는 뜻이었다.)

그러자 주님께서 나를 보고 말씀하셨다.
'가자'라고 하셨는데 어느새 주님과 나는 그 에스겔의 집에서 바로 한층 위, 즉 주님의 보좌로 올라왔다. 이것은 왕의 도시가 주님이 계신 보좌 바로 아래층에 있다는 것을 다시 한번 내가 알아차리게 되었다.
주님의 보좌 앞으로 나를 데리고 오신 주님은 주님 보좌에 앉아 계시고 나는 내가 앉는 자리에 와서 앉아 있었다. 물론 천사들이 양쪽에 여러 줄로 쭉 나열하여 있었다. 그러더니 저 입구에서 이사야가 하늘색 옷을 아래위로 입고 들어온다.
이사야의 얼굴은 잘생기지 않은 모습에 스포츠 머리를 하고 있었고 몸은 가냘프게 키는 약간 큰 듯한 키였다. 이사야가 들어오더니 그 다음 에스겔이 들어왔다. 에스겔은 좀 키가 작은 편인데 하얀 옷을 입고 있었고 머리는 스포츠 머리 같은데 이마를 숱이 좀 많게 옆으로 덮고 있었고 얼굴은 약간 길고 보통으로 생겼다. 아니 못생긴 편이 아니었다. 그다음 사도 요한이 들어왔는데 그는 밝은 흰옷을 입고 머리는 약간 금갈색으로 곱슬머리를 하고 있었고 얼굴은 보통보다 잘생긴 얼굴로 키는 이들보다 커 보였다.

세 명중에 그래도 가장 크게 보였다. 이 셋이 주님 보좌 앞으로 온 것이다.

이사야, 에스겔, 사도 요한.

'와우~'

나는 놀랐다.

'왜 이들이?'

그러고 보니 이들 셋은 다 천국에 있는 네 생물을 본 자들이었다.

그러자 주님이 이사야와 에스겔 그리고 사도 요한과 나를 데리고 한층 밑으로 내려가더니 큰 컨벤션 센터 무대로 바로 내려가신 것이다. 그러자 그 무대에서 주님과 이 셋, 이사야 에스겔 사도 요한이 함께 나를 공중에 올리고 환호성을 올렸다. 그러자 그 컨벤션 센터에 흰옷 입은 무리들이 다 함께 기뻐하며 환호성을 올리는 것이었다. '왜 이런 일이 일어나는가'를 생각하여보니 이제는 내가 그 네 생물들을 볼 준비가 되었다고 하는 의미로 받아들여졌다.

그때에 나는 내 생각에 '네 생물을 보게 되는 것이 이렇게 환호를 받을 일인가?' 하는 생각이 언뜻 지나갔다.

아니 그럴지도 모른다. 왜냐하면 성부 하나님이 계신 보좌 그 보좌를 가까이 모시는 네 생물을 보려면 내가 그 보좌를 더 가까이 가서 보아야 할 것이기 때문이다. 아무나 가까이 갈 수 없는 것이기 때문이다. 그것을 기뻐하여 주는 것처럼 느껴졌다.

그런 후에 주님께서는 나와 이사야 에스겔 그리고 사도 요한을 조그만 배에 태우시고 노를 저으셨다. 우리가 도착한 곳은 바다였다 이전에 저 바다 저편에 나타난 네 생물 중에 사자의 얼굴을 한 천사를 본 적이 있고 또한 송아지 얼굴을 한 천사의 얼굴을 본 적이 있다. 이들은 다 바다 저편 하늘에서 보였다. 이들은 동물들의 얼굴을 하고 있었으나 표정은 꼭 사람 같아 보였다.
오늘은 저 멀리 바다 저편에 독수리의 얼굴을 한 천사가 보였다.
검은 부리가 보였고 눈은 크고 동그랗게 보였는데 아주 의미심장한 눈으로 나를 쳐다보는 것 같았다.
'와우~ 오늘은 내가 독수리 얼굴을 한 천사를 보네…' 하는데 그런데 하나 알아지는 것이 사자의 얼굴을 한 천사와 송아지의 얼굴을 한 천사는 얼굴은 사자이고 송아지나 표정은 꼭 사람처럼 하고 있었는데 이 독수리 얼굴을 한 천사는 그렇게 사람의 표정과 닮았다는 느낌은 없었다.

주님께서는 나와 이사야 에스겔 사도 요한을 데리고 성부 하나님이 계신 곳으로 가셨다.
아니 이전에는 늘 100m에서 서서 하나님의 보좌를 보았는데 오늘은 아주 가까이 와서 그 보좌를 보는 느낌이 들었다.
왜 이전에는 보좌 앞에 있는 네 생물이 안 보였는지에 대한 짐작이 가는데 이는 일부러 나를 100m 거리에 두셔서 내게 그것을 감추이신 것으로 보였다.

이제는 잘 명백히는 보이지 아니하나 대강 알아지는데 네 생물들이 두 명은 성부 하나님의 보좌 오른편에, 두 명은 왼편에 서있는 것이 보였다. 그리고 보좌 주변에는 오른편으로 12장로 왼편에 12장로들이 앉아 있는 것이 알아졌는데 그들의 얼굴들은 자세히 보이지 않았다.
'와우~~'
주님과 나 이사야 에스겔 사도 요한이 함께 성부 하나님이 계신 곳에 와서 이전보다 더 가까이 가서 보는데 네 생물들이 보이는 것처럼 보였다.
사자 얼굴, 송아지 얼굴, 사람 얼굴, 독수리 얼굴을 한 천사들로서 그들은 여섯 개의 날개를 가지고 있다. 그런데 에스겔이 말한 네 개의 날개를 가진 네 얼굴을 가진 네 천사는 보이지 않는 것 같았다. '왜일까?'라고 생각하지만 나는 알 수 없는 일이었다. 나는 주님께서 내게 보여주는 사실만 알 뿐이다.

나는 여기까지만 보고 내려오게 되었다.
나는 오늘 내가 본 일이 너무 신기하여
다음에 이러한 것을 다시 보지 않는 이상 말하지 않기로 했다.
오늘 내가 본 것이 사실이라면 다음에는 주님께서 더 자세히 보여주시게 될 것을 확신한다.

여기에 성경에서 이사야가 본 네 생물, 사도 요한이 본 네 생물, 그리고 에스겔이 본 네 생물에 대하여 그 본 것을 적어본다.
첫째는 이사야가 본 네 생물이다.

[사 6:1-5]

1 웃시야 왕의 죽던 해에 내가 본즉 주께서 높이 들린 보좌에 앉으셨는데 그 옷자락은 성전에 가득하였고 2 스랍들은 모셔 섰는데 각기 여섯 날개가 있어 그 둘로는 그 얼굴을 가리었고 그 둘로는 그 발을 가리었고 그 둘로는 날며 3 서로 창화하여 가로되 거룩하다 거룩하다 거룩하다 만군의 여호와여 그 영광이 온 땅에 충만하도다 4 이 같이 창화하는 자의 소리로 인하여 문지방의 터가 요동하며 집에 연기가 충만한지라 5 그 때에 내가 말하되 화로다 나여 망하게 되었도다 나는 입술이 부정한 사람이요 입술이 부정한 백성 중에 거하면서 만군의 여호와이신 왕을 뵈었음이로다

또 성경에 나타난 사도 요한이 네 생물에 대하여 본 것을 여기에 적어보면

[계 4:1-11]

1 이 일 후에 내가 보니 하늘에 열린 문이 있는데 내가 들은바 처음에 내게 말하던 나팔소리 같은 그 음성이 가로되 이리로 올라 오라 이 후에 마땅히 될 일을 내가 네게 보이리라 하시더라 2 내가 곧 성령에 감동하였더니 보라 하늘에 보좌를 베풀었고 그 보좌 위에 앉으신 이가 있는데 3 앉으신 이의 모양이 벽옥과 홍보석 같고 또 무지개가 있어 보좌에 둘렸는데 그 모양이 녹보석 같더라 4 또 보좌에 둘려 이십 사 보좌들이 있고 그 보좌들 위에 이십 사 장로들이 흰 옷을 입고 머리에 금 면류관을 쓰고 앉았더라 5 보좌로부터 번개와 음성과 뇌성이 나고 보좌 앞에 일곱 등불 켠 것이 있으니 이는 하나님의 일곱 영이라 6 보좌 앞에 수정과 같은 유리 바다가 있고 보좌 가운데와 보좌 주위에 네 생물이 있는데 앞뒤에 눈이 가득하더라 7 그 첫째 생물은 사자 같고 그 둘째 생물은 송아지 같고 그 세째 생물은 얼굴이 사람 같고 그 네째 생물은 날아가는 독수리 같은데 8 네 생물이 각각 여섯 날개가 있고 그 안과 주위에 눈이 가득하더라 그들이 밤낮 쉬지 않고

이르기를 거룩하다 거룩하다 거룩하다 주 하나님 곧 전능하신이여 전에도 계셨고 이제도 계시고 장차 오실 자라 하고 9 그 생물들이 영광과 존귀와 감사를 보좌에 앉으사 세세토록 사시는 이에게 돌릴 때에 10 이십 사 장로들이 보좌에 앉으신 이 앞에 엎드려 세세토록 사시는 이에게 경배하고 자기의 면류관을 보좌 앞에 던지며 가로되 11 우리 주 하나님이여 영광과 존귀와 능력을 받으시는 것이 합당하오니 주께서 만물을 지으신지라 만물이 주의 뜻대로 있었고 또 지으심을 받았나이다 하더라

또한 여기에 에스겔이 본 것을 적어보면

[겔 1:1-26]

1 제 삼십년 사월 오일에 내가 그발강 가 사로잡힌 자 중에 있더니 하늘이 열리며 하나님의 이상을 내게 보이시니 2 여호야긴 왕의 사로잡힌 지 오년 그 달 오일이라 3 갈대아 땅 그발강 가에서 여호와의 말씀이 부시의 아들 제사장 나 에스겔에게 특별히 임하고 여호와의 권능이 내 위에 있으니라 4 내가 보니 북방에서부터 폭풍과 큰 구름이 오는데 그 속에서 불이 번쩍 번쩍하여 빛이 그 사면에 비취며 그 불 가운데 단 쇠 같은 것이 나타나 보이고 5 그 속에서 네 생물의 형상이 나타나는데 그 모양이 이러하니 사람의 형상이라 6 각각 네 얼굴과 네 날개가 있고 7 그 다리는 곧고 그 발바닥은 송아지 발바닥 같고 마광한 구리 같이 빛나며 8 그 사면 날개 밑에는 각각 사람의 손이 있더라 그 네 생물의 얼굴과 날개가 이러하니 9 날개는 다 서로 연하였으며 행할 때에는 돌이키지 아니하고 일제히 앞으로 곧게 행하며 10 그 얼굴들의 모양은 넷의 앞은 사람의 얼굴이요 넷의 우편은 사자의 얼굴이요 넷의 좌편은 소의 얼굴이요 넷의 뒤는 독수리의 얼굴이니 11 그 얼굴은 이러하며 그 날개는 들어 펴서 각기 둘씩 서로 연하였고 또 둘은 몸을 가리웠으며 12 신이 어느 편으로 가려면 그 생물들이 그대로 가되 돌이키지 아니하고 일제히 앞으로 곧게 행하며 13 또 생물의 모양은 숯불과 횃불 모양 같은데 그 불이 그 생물 사이에서 오르락 내리락

하며 그 불은 광채가 있고 그 가운데서는 번개가 나며 14 그 생물의 왕래가 번개 같이 빠르더라 15 내가 그 생물을 본즉 그 생물 곁 땅 위에 바퀴가 있는데 그 네 얼굴을 따라 하나씩 있고 16 그 바퀴의 형상과 그 구조는 넷이 한결 같은데 황옥 같고 그 형상과 구조는 바퀴 안에 바퀴가 있는 것 같으며 17 행할 때에는 사방으로 향한 대로 돌이키지 않고 행하며 18 그 둘레는 높고 무서우며 그 네 둘레로 돌아가면서 눈이 가득하며 19 생물이 행할 때에 바퀴도 그 곁에서 행하고 생물이 땅에서 들릴 때에 바퀴도 들려서 20 어디든지 신이 가려하면 생물도 신의 가려하는 곳으로 가고 바퀴도 그 곁에서 들리니 이는 생물의 신이 그 바퀴 가운데 있음이라 21 저들이 행하면 이들도 행하고 저들이 그치면 이들도 그치고 저들이 땅에서 들릴 때에는 이들도 그 곁에서 들리니 이는 생물의 신이 그 바퀴 가운데 있음이더라 22 그 생물의 머리 위에는 수정 같은 궁창의 형상이 펴 있어 보기에 심히 두려우며 23 그 궁창 밑에 생물들의 날개가 서로 향하여 펴 있는데 이 생물은 두 날개로 몸을 가리웠고 저 생물도 두 날개로 몸을 가리웠으며 24 생물들이 행할 때에 내가 그 날개 소리를 들은즉 많은 물 소리와도 같으며 전능자의 음성과도 같으며 떠드는 소리 곧 군대의 소리와도 같더니 그 생물이 설 때에 그 날개를 드리우더라 25 그 머리 위에 있는 궁창 위에서부터 음성이 나더라 그 생물이 설 때에 그 날개를 드리우더라 26 그 머리 위에 있는 궁창 위에 보좌의 형상이 있는데 그 모양이 남보석 같고 그 보좌의 형상 위에 한 형상이 있어 사람의 모양 같더라

즉 이사야와 사도 요한이 본 네 생물은 여섯 날개를 가졌고 그 얼굴은 사자 얼굴, 사람 얼굴, 송아지 얼굴, 독수리 얼굴 중 하나를 가지고 있다. 그런데 에스겔이 본 네 생물은 한 생물이 네 얼굴을 가지고 있다. 즉 사람의 얼굴, 독수리 얼굴, 사자 얼굴, 송아지 얼굴 말이다. 그리고 네 날개를 가지고 있고 이 생물들 발밑에 사면으로 바퀴가 달려 있다. 그리하여 이들은 기본적으로 다른 네 생물들로 보인다.

37 구약편 3권
사람의 얼굴을 한 여섯 날개 가진 천사를 보다.
(2023년 7월 23일)

저녁 시간에 기도하는데 내가 원하는 바를 주님께 올려드렸다.
주님, 이전에 제게 성부 하나님이 계신 곳에서 약 25m 떨어진 거리에서 지난번에 여섯 날개 가진 천사 두 명이 성부 하나님의 보좌 우편에 두명, 좌편에 두명이 있는 것을 보여주셨고 또 그 보좌 주위에는 좌우에 12명씩, 24명의 장로가 있는 것을 알게 하여 주셨는데 오늘은 제게 이것에 대하여 더 자세하게 보여주시기를 원합니다 하고 그렇게 하나님께 기도를 드리고 있었다.
그러자 갑자기 주님의 임재가 느껴지면서 그것을 보여주실 것 같았다.

그러자 주님은 곧 나를 천국으로 인도하셨고 말 열한 마리가 이끄는 수레가 나를 데리러 왔는데 그 수레는 투명한 수레였고 안이 다 보이는 수레였다. 그래서 바깥에서도 수레 안에 있는 구조들이 다 보였다.
문에서부터 키가 큰 천사 8-9피트 정도, 그리고 그다음에는 평범한 키의 천사 그리고 그다음에는 여성처럼 보이는 분홍색 옷과 날개를 가진 천사가 날 맞이하고 있었고 그 여성처럼 보이는 천사는 큰 직사각형의 진한 녹색 쟁반에 내가 앞으로 계속해서 써야 할 구약에 대한 책과 그리고 청색 표지와 황금색 표지의 매뉴얼들이 놓여 있었다. 황금 색깔 표지의 매뉴얼이 청색깔 표지의 매뉴얼 위에 놓여 있었다. 나는 그들의 환영을 받고 수레 안에 있는 내 자리로 와서 앉았다. 앉으면서 보니 나의 옷차림은 노란 망사로 구성된 아름다운 드레스였고 머리에는 아주 아름다운 높이가 좀 있는 큰 면류관을 쓰고 있었고 그 면류관은 매우 아름다웠다.

그런 후에 수레는 즉시 나를 연못가의 주님께로 인도하였는데 주님께서는 거기서 나를 기다리고 계시면서 나를 벤치에 앉히시고 발부터 씻어주기 시작하셨다.

오늘은 그 발을 씻어주시는 황금 대야가 '참으로 크다'라고 느껴졌고 그리고 참 아름다워 보였다. 주님께서 내 발을 씻으시는데 그러자 그 황금 대야가 더욱 높이 커지더니 주님께서 나의 발이 담겨 있는 채로 두 손을 그곳에 넣고 씻겨주셨다.

그리고서는 다시 황금 대야가 낮아지더니 수건으로 내 발과 내 손을 닦아주셨다.

즉 주님께서 내 발을 두 손으로 씻으실 때에는 대야가 높아지고 물도 많아지더니 다 씻으시고 내 발을 수건으로 닦으실 때에는 그 황금 대야가 갑자기 높이가 낮아지고 물도 적어진 것이다.

와우, 나는 놀랄 뿐이다.

그리고서는 천사 한 명이 긴 항아리에 생명수를 담아와서 내 머리 위로 부었다.

그러자 주님께서 '다 준비되었지?' 하시면서 구름을 불러서 오늘은 나를 구름에 태우시는 것이었다. 그러자 구름은 저 높은 하늘로 쭉쭉 올라가는 것이 느껴졌다.

와우~

그러자 저어기 멀리 하얀 성이 하나 보이는데 오늘따라 그 지붕이 보이는데 볼록볼록 솟아오른 지붕으로 그리고 그 위로는 한없이 좁아지면서 올라가는데 그 끝은 보이지 않았다. '와우~ 저것이 성부 하나님이 계시는 성이구나!'가 알아지는데 오늘 처음으로 그 지붕을 조금 자세히 보았다.

그러자 주님과 나는 즉시 성안으로 들어섰는데 이전에는 늘 주님과 내가 성부 하나님께서 있는 보좌에서 약 100m 떨어져서 서다가 오늘은 아주 가까이 서 있는 것이 느껴졌고 그러나 그래도 거리는 좀 있는 것처럼 보였다. 아무래도 보좌의 색깔 일부가 보였는데 의자 바닥이 꼭 청둥오리 같은 색깔들로 되어 있는 것이 보였다. 그 바닥 색깔은 청색과 금색이 어우러진 아주 고급스럽고 아름다워 보였다. 정말 표현이 불가능한 아름다움이었다.

'와우~'

내 눈에 보좌의 오른편에 사람의 얼굴을 한 여섯 날개를 가진 천사가 한 명 보였다. 두 날개는 위로 치켜들고 있었고 두 날개는 몸을 가리고 있었고 두 날개는 발을 가리고 있었다

'와우~'

나의 감탄은 계속되었고 그 천사의 얼굴은 참으로 잘생겨 보였다. 나는 그렇게 잘생긴 얼굴은 이 세상에서도 보기 힘든 얼굴이었다. 그리고 그 옆에는 사자의 얼굴을 한 여섯 날개 달린 천사가 있다는 것이 알아졌으나 자세히 보이지 않았다. 이전에 나는 그 천사가 사자의 얼굴을 하고 있으나 그 천사는 마치 사람의 표정을 하고 있는 것을 본 적이 있었었다.

그리고 보좌의 왼편에는 송아지 얼굴을 한 여섯 날개 달린 천사와

독수리의 얼굴을 한 여섯 날개 달린 천사가 있는 것이 알아졌다. 그리고 성부 하나님의 보좌 둘레에는 24 장로가 있다는 것도 알아졌으나 자세히 보이지는 않았다. 그러나 오늘 하나님께서는 나에게 사람의 얼굴을 한 여섯 날개를 가진 천사를 확실히 보여주신 것이다. 할렐루야.

그렇다 이전에 사자 얼굴 송아지 얼굴 독수리 얼굴을 가진 여섯 날개 가진 천사들을 이미 보았으나 오늘 처음으로 사람의 얼굴을 가진 여섯 날개 가진 천사를 본 것이다.
할렐루야. 주님을 찬양합니다.

38 구약편 3권
나의 천상에서의 깨달음
(2023년 7월 25일)

나의 천상에서의 깨달음에 대하여 기록하여 둘 필요가 있어서 기록한다. 예수님께서는 나를 항상 성부 하나님께서 계신 곳으로 데리고 가시면 할렐루야.
늘 그 보좌가 있는 곳에서 약 100m 떨어진 곳에서 예수님과 내가 서 있었다.
아니 그렇게 서있게 하셨다.

그래서 그 100m 라는 거리를 두시고 늘 성부 하나님께서 나에게 말씀하셨던 것이다.

나는 그 이유를 몰랐다. 왜 이렇게 항상 멀리 서야 하는지…

그냥 예수님께서 나를 이렇게 멀리서 서게 하시나 보다 가까이 가면 안 되나 보다라는 스쳐지나가는 정도의 생각을 가지고 있었다.

왜일까? 라는 질문에 대해서도 그렇게 심각하게 생각하지 않았다. 왜냐하면 주님이 나에게 그렇게 시키시면 그렇게 하는 것이기 때문이다. 그런데 이렇게 보좌 가까이에서 섬기는 여섯 개 날개 가진 네 천사들을 보려하니 당연히 이제 100m가 아닌 보좌에 더 가까이 가야 함이 맞는 것이었다.

그러자 주님께서는 나를 보좌에서 25m 정도 거리에 두시면서 보게 하시는 것이었다.

그것도 그렇게 뚜렷하게 잘 보이지는 않았으나 영으로 알 수 있었다. 아하 보좌 옆에 오른편에 여섯 개 날개 달린 두 천사 왼편에 여섯 개 날개 달린 두 천사가 서 있다는 사실을…

그리고 보좌 우편과 좌편으로 12명씩의 장로들이 둘러앉아 있다는 사실을 알게 된 것이다.

할렐루야.

여기서 내가 말하고 싶은 것은 바로 이것이다.

주님께서 나에게 아직 밝히고 싶지 않아서 아니 아직 밝힐 필요가 없어서 나를 보좌에서 멀리 그들이 안 보일 정도로 멀리 서게 하셨다는 것이다. 그러시다가 때가 되니 나를 그 보좌 앞으로 가까이 인도하셔서 보게 하시고 알게 하시는 것이었다.

와우~
천국은 이런 곳이다. 한꺼번에 다 밝혀지지 않는다. 아니 그것이 하나님의 뜻이 아니다. 천국은 하나씩 정말 양파껍질 하나씩 벗기듯이 벗겨지는 느낌을 받는다.
할렐루야.

정말 정말 감사하다. 원더풀하다. 할렐루야.
주님 감사드립니다. 늘 이렇게 사려깊게 저를 인도하여 주셔서…

또 하나 알아지는 것은
그렇구나! 여섯 날개 가진 천사들과 24 장로들은 성부 하나님께서 계신 보좌에 함께 있고 예수님이 앉는 보좌는 거기에 있는 것이 아닌 것이 알아졌다.
오히려 그곳에는 내가 이전에 가브리엘 천사장과 미가엘 천사장이 있는 것을 본 적이 있었다.

이렇게 하나씩 알게 하여 주시는 주님께 감사와 찬양을 올려드리는 바이다.
할렐루야. 아멘.

39 구약편 3권
아침 기도 시간에 '이리로 올라오라' 하시는 음성을 듣다.
(2023년 8월 3일)

아침 오전 5시부터 8시까지 기도하는 시간을 갖는 중이었다.
2시간 반 정도 되었을 때였다.
영으로 주님께서 '이리로 올라 오라'고 말씀하시는 것이 알아지면서 갑자기 내가 주님과 함께 계단을 올라가고 있었다. 그것은 주님의 보좌로 인도하는 계단이었다. 가장 위의 계단 끝에 올라서니 계단 양쪽에서 나를 기다리고 있던 분홍색 옷을 입고 날개도 분홍색인 여성 천사처럼 생긴 두 천사가 머리는 검은색으로 단발로 하여 나를 기다리고 있었다. 이 두 천사가 나를 보고 '주인님 준비하셔야지요'라고 말하면서 내가 신부복을 입도록 하는 것이었다. 천국은 옷도 금방금방 바꾸어진다.
그래서 나는 즉시 나에게 신부복이 입혀졌고 그후에 나는 주님 보좌 앞으로 내가 가고 있었다. 양옆에는 하얀 옷 입은 날개 달린 천사들이 늘어서서 나를 환영하여 주고 있었고 나는 주님 보좌 앞으로 인도함을 받았다.
오늘따라 주님께서는 참으로 아름다운 빛이 나는 황금 면류관을 쓰고 계신 것이 보였다. 그 면류관은 매우 아름답게 장식된 큰 황금 면류관이었다.
주님께서는 나에게도 황금 면류관을 씌워주셨다.

그리고 갑자기 늘 내가 보던 두 노트가 나타났는데 하나는 청색 노트 하나는 황금색 노트였다. 이 두 노트는 내가 구약에 대한 책을 쓰는데 도움이 되는 노트들이었다.

주님이 주신 것이다. 그런데 나는 아직 그 노트 안에 들어 있는 내용들이 무엇인지 잘 모른다. 그냥 나에게 알려진 내용으로는 청색 노트는 구약에 대한 것으로 무엇을 쓸 것인지 차례가 나와 있는 매뉴얼이라는 것이고, 또 황금색 노트는 그 목록 하나하나마다 어떠한 내용이 들어갈 것인가를 말하고 있는 노트라는 것을 이전에 주님께서 알게 하여 주셨다. 그런데 이 두 노트가 주님 앞에서 펼쳐지는 것이었다.

'와우~'

그런데 펼쳐진 두 노트에는 글자들이 있으나 나는 알아보지 못했다. 나는 알고 싶었지만 아직 내게는 알려지지 않았다. 나는 특히 황금색 노트가 펼쳐진 그 페이지를 내 가슴에 갖다 대었다.

그리고 감동스러웠다. 나는 이 내용들을 알고 싶었다.

특히 나는 지금 성경의 에스겔서를 보고 있으니 에스겔서에 대하여 알고 싶었던 것이다. 그런데 내게는 아직 알려지지 않고 있었다.

그러나 오늘 이 노트들이 주님의 보좌 앞에서 펼쳐졌다는 것이 중요하였다. 나는 이런 생각이 들어왔다. 이제 앞으로는 이 노트에 적혀진 내용들이 내게 알려지지 않을까 하는 기대 말이다.

할렐루야.

후 / 원 / 페 / 이 / 지

그러므로 염려하여 이르기를 무엇을 먹을까 무엇을 마실까 무엇을 입을까 하지 말라 이는 다 이방인들이 구하는 것이라 너희 천부께서 이 모든 것이 너희에게 있어야 할 줄을 아시느니라 너희는 먼저 그의 나라와 그의 의를 구하라 그리하면 이 모든 것을 너희에게 더하시리라 [마 6:31-33]

천국과 지옥 간증 책을 한글로 또 영어로 또한 각국 언어로 펴내어서 전 세계적으로 복음의 도구가 되는데 또한 케냐, 인도, 벨리제, 캄보디아, 필리핀, 인도, 중국 등에 교회를 세우고 물 없는 지역에 물통을 공급하고 또 성경을 공급하여 어린아이들을 성경으로 교육시키는 방과 후 교실을 운영하는 등 전 세계선교에 도움이 될 수 있도록 여러분의 물질적인 후원이 필요합니다.
(주님의 사랑 세계선교센터: https://cafe.naver.com/llwmc 참조)

은혜 받으신 만큼 성령께서 인도하시는 대로 많은 영혼들이 구원받을 수 있도록 여러분의 정성어린 후원을 부탁드립니다.

※ 후원하신 모든 금액은 하나님 나라 확장과 영혼 구원사역에만 쓰여 집니다.

후원계좌 :

    zelle & paypal account : lordslovechristianchurch@yahoo.com

은행구좌 (Bank account) :

1. 예금주: 주님의 사랑교회, 신한은행, 140-012-615297

2. Lord's Love Christian Church, CHASE BANK,
   구좌번호 (Account #):860768576
   은행고유번호 (Routing #): 322271627,
                       Swift Code: CHASUS33
   주소 (Address): 216 E. 31st St. Los Angeles,
                   CA 90011, USA (전화: 323-897-5751)

미국 연락처 :

    Tel : 323-897-5751
    E-mail : sarahseoh@ymail.com

주님이 하셨습니다.
　　　모든 영광을 주님께..

서사라 목사의 천국지옥 간증수기 10 구약편 3권
구약편 3권

초판인쇄 : 2024년 4월 11일
초판발행 : 2024년 4월 17일

저　　자 : 서사라
펴 낸 이 : 최성열
펴 낸 곳 : 하늘빛출판사
출판등록 : 제 251-2011-38호
주　　소 : 충북 진천군 진천읍 중앙동로 16
연 락 처 : 043-537-0307, 010-2284-3007
이 메 일 : csr1173@hanmail.net
I S B N : 979-11-87175-40-7 (03230)
가　　격 : 15,000원